ワークブック
TIMEを読む

清水研明 著

大学教育出版

はじめに

　欧米、特に英米発の情報の受信にのみ関心を持ち、その解釈に熱意を注いできた我々日本人は、21世紀を迎えて、今度は、世界に向けて日本の情報を発信しなければならない。海外のマス・メディアは、「経済大国」としての日本に対しての関心・興味ばかりではなく、日本の社会・文化に対しても興味を示している。日本発の情報が海外に興味を持って迎えられることは確かである。

　日本の情報を日本語で発信することができれば、発信者である日本人には好都合である。しかしながら、日本語の情報をそのままで理解できる受信者は、残念ながら非常に限られている。日本語を海外に広く普及させ、日本語の情報を理解できる人の数を増やす努力は今後も継続されるであろうし、当然その必要もある。しかし今は、日本の情報を国際語である英語で発信することがより現実的な選択ではある。

　しかしながら、正しく海外で理解されるように英語で情報を発信することは、それほど簡単なことではない。冠詞、名詞の数、時制などの日本人の苦手な文法事項をクリアーして、文法的な英文を完成させても、1つの文ですべての情報を表現することはできない。文法的な文で、しかも意味的に適切な文であっても、単に羅列しただけでは、まとまった考え・論述・思想を表現することはできない。

　パラグラフは、複数の文が1つのトピックを中心にして構造をなすものであり、英語の文章構成上、重要な単位である。文がパラグラフを構成し、パラグラフが文章を構成する。したがって、まとまった考え・論述・思想を表現する時には、パラグラフが基本的な単位となる。

　一方、日本の英語教育（ある程度は英語研究）にあっては、あくまで「文」が基本的・中心的単位である。入門期の英語から5文型に至るまで、対象は文であり、接続詞・接続副詞が取り上げられる時も、あくまでも、文内の節が対象であり、文と文との関係が取り上げられるのは、代名詞の先行詞が問題になる時ぐらいである。したがって、中学生から大学生まで、文の解釈・

翻訳に終始し、文より上のレベルでの英文の解釈・英作文はほとんど無視されるか、おざなりに取り上げられるのが現状である。

本書では、アメリカの週刊誌である *TIME* の日本に関する記事を取り上げ、パラグラフ単位で解釈していく。日本発の情報を英語で世界に向けて発信するには、文法的にも、意味的にもおかしくない英文を書き、パラグラフとしてまとめる必要がある。日本人が書いた英文、英語のパラグラフをチェックするのは、教養のあるネイティブあるいはネイティブに近い能力の日本人にしかできず、一般の日本人にとって簡単なことではない。したがって、本書では、*TIME* の記事をパラグラフ単位で正しく解釈するという、自身の力でチェックできることから始め、英語のパラグラフの自然な流れを体得することを目標とする。

特に日本に関する記事を読むことは、日本発の情報を発信するという最終的な目標ばかりではなく、日本に関するトピックの方が日本人の読者にとって、語彙・背景知識の点から、より読みやすいこともある。さらに、日本に特有だと思われている考え・習慣などがどのように英訳されているかを知ることは、情報発信の際に大いに役に立つだろう。

日本の情報を英文で発信するための、遠回りではあるが、確実な一歩になれば本書の目的は達成されたと思われる。

本書では、新旧ではなく、歴史的重要性が高く、世界に向けて大きく報道され、編著者がリアルタイムで経験した出来事についての記事を取り上げた。§1と§2では、昭和天皇の崩御を伝える記事を、§3と§4では、阪神・淡路大震災を伝える記事を取り上げる。特に後者の記事については、編著者がその場（西宮市）に居合わせたことを付記しておく。

● **本書の構成**

各記事がパラグラフごとに取り上げられる。パラグラフには接続詞・接続副詞・前置詞句等（以下「接続表現」とする）が入るべき空欄があり、パラグラフの他の部分を読んでその空欄を埋めるようになっている。各パラグラ

フごとに、

▶️ 各文の解釈の ヒント

として、重要な表現の説明・訳が与えられている（英検2級程度の読者を想定している）。さらに、別冊では、空欄に入れるべき接続表現を念頭に置いた、パラグラフ内の各文の繋がりを中心にした説明と各文の日本語訳が与えられている。

　本書の *TIME* の記事中の空欄は、実際には接続表現が使われている場合と、元々何もない箇所ではあるが、接続表現を補った方がより論理の流れが明瞭になり、パラグラフの理解がより正確になるために空欄を設けた場合の2つの種類がある。また、適切で簡潔な接続表現がない場合や、適切な接続表現を入れると英文としての滑らかさが損なわれる場合、さらに、既出のパラグラフから補うべき接続表現が容易に推測できる場合は、空欄を設けていない。

● パラグラフを読む前に

　英語を読むには、1つ1つの文の意味を正確に知ることが必要であり、日本の英語教育の多くの時間とエネルギーがこのことのために費やされていると言っても過言ではないだろう。しかし、教室での英語の勉強や試験が、実際に社会で使われている英語を読むための準備だとするならば、単文の解釈に終始している英語教育は充分ではない。実際に情報の伝達に使われている英語が、孤立した1つの文であることは例外的であり、複数の文からなるパラグラフ、複数のパラグラフからなる文章であることが普通である。

　パラグラフ単位で英語を読む時に、重要なのは、パラグラフを構成している個々の文がどのような論理的な関係にあるのかを読み取ることである。形式的にはインデンテーション（字下げ）によってパラグラフは始まるが、単なる文の羅列ではない限り、各々の文がその位置に置かれているのは、それなりの理由があるからである。パラグラフには構造があると言うことができる。

　1つのパラグラフは、1つのトピックについて述べたものであり、そのトピックを表した文をトピック・センテンスという。また、パラグラフを構成す

るすべての文は、そのパラグラフのトピックについて述べた文であり、これを英語で"coherence"といい、日本語では「統括」、「結束性」、「首尾一貫性」など複数の訳語で呼ばれている。

このように、パラグラフはトピック・センテンスによって示されたトピックと、そのトピックについて述べた残りの文から構成されている。さらに、トピック・センテンスはパラグラフの冒頭にあることが多く、それ以降の文（展開部）でそのパラグラフのトピックが敷衍・説明されると言うことができる。

"coherence"が、同一文内、および、文同士の関係として明示的に示されたのが、"cohesion"と呼ばれるものであり、「統括性」、「結束作用」、「結束構造」などと訳されている。その中でも、トピック・センテンスと展開部、および、展開部内の文同士の論理的関係を理解するのに一番重要なのは、「接続」と呼ばれるものであり、具体的には、接続詞・接続副詞・前置詞句等からなる。

本書では、トピック・センテンスが展開部でどのように論理的に展開されるかを理解することに焦点をあてる。したがって、接続表現により、その論理的展開を正しく理解することを目標とする。また、文章やパラグラフの"coherence"は"cohesion"として明示的に示されない場合もある。その場合には、前後の文脈や記事の内容についての知識を参考にして、さらには、パラグラフのトピック・記事のタイトルや *TIME* の雑誌としての報道姿勢なども参考にして、入るべき接続表現を考える必要がある。

トピック・センテンスがパラグラフの冒頭にはなく、1つあるいは2・3の文の後に現れる場合がある。これらのトピック・センテンスに先行する文は、トピック・センテンスを導入するための場合が多く、本書ではイントロダクションとして表記している。また、いわゆる結論は、現れる時は展開部の一部として現れるが、展開部に必ず結論があるわけではない。本書では、特に結論として取り上げる必要がない場合は、［イントロダクション＋トピック・センテンス＋展開部］、あるいは、［トピック・センテンス＋展開部］がパラグラフの一般的な構成であると考える。

2001年 2月　　　　　　　　　　　　　　　　　　　　　　著　者

Contents

§ 1. The Showa Era: An Emperor dies, and in his passing
an ancient symbol is renewed ·····························7

§ 2. From God To Man — Hirohito: 1901-1989 ················*13*

§ 3. "When Kobe Died" (I) ·································*26*

§ 4. "When Kobe Died" (II) ································*37*

§ 1. The Showa Era: An Emperor dies, and in his passing an ancient symbol is renewed

1989年1月16日号の *TIME* では、昭和天皇の死がカヴァー・ストーリーとして取り上げられた。本書ではその中から2つの記事を取り上げる。最初の記事は上で示されたタイトルが付けられている。概略、「昭和時代 ── 天皇が亡くなり、その死により古代から伝わる象徴が再生される」という意であり、天皇が亡くなれば新しい天皇がその位を継ぎ、古代から伝わる天皇制がまた継続されることが示されている。

各パラグラフごとに読んでいき、各文の解釈に際し注意すべき点は、▶各文の解釈の ヒント▶ として示されている。各空欄に特定の接続表現を補って読めば、パラグラフの構造がより明確に理解できる。

● 第1パラグラフ

(1) By the hundreds, they had kept a vigil outside the palace gates throughout the autumn and early winter. (2) As his struggle went into a third month and then a fourth, they followed every scrap of news on his waning condition; the life of the nation contracted and became more somber in a display of "self-restraint" and respect. (3) (A), when finally they learned that he had died, of cancer of the duodenum, at 6:33 a.m. last Saturday within the walled, moated and heavily wooded grounds of the Imperial Palace in the heart of Tokyo, Japan's 122 million citizens were profoundly moved. (4) (B), some wept, some prayed, some affected disinterest; with varied emotion, all realized that an age

of great change for their country, a period spanning 63 years that will be remembered as the Showa era, or time of Enlightened Peace, was at an end. (5) Rising Sun flags were draped with black bunting; government offices ordered to observe six days of mourning.
(6) Newspaper extras proclaimed TENNO-HEIKA HOGYO (The Emperor Passes Away). (7) Outside the palace, two Buddhist monks walked their rounds, sounding a slow cadence on drums.

　空欄を埋める前に、このパラグラフのトピックは何なのか、このパラグラフは何について述べているのかを読み取る必要がある。それを知るには、まずそれぞれの文の意味を正確に理解しなければならない。

▶︎ 各文の解釈の ヒント

(1) **"by the hundreds"** の **"by"** は、目的語として「**"the"** ＋ 数・量の単位」をともない、「～ごとに、～ずつ」という意の副詞句を作る。**"hundreds"** が単位で「数百」の意。**"take a vigil"**：「不寝番をする、寝ないでいる」。

(2) **"as"**：「～につれて、～する時」。**"a third..."**、**"a fourth"** は、序数詞の前には定冠詞という原則に反するが、限定された月の数の何番目の月というのではなく、何か月続くか分からない期間の「3か月目」、「4か月目」という意。
"scrap"：「（新聞記事などの）一部、部分」。**"waning condition"**：「深刻になりつつある健康状態」。**"life"**：「生活」。**"contract"**：「制限する」。**"somber"**：「きまじめな、厳粛な」。**"display"**：「（感情などを）見せること」。**"self-restraint"**：「自制、自粛」。

(3) **"duodenum"**：「十二指腸」。**"within"** 以下の、**"walled"**、**"moated"**, **"wooded"** は動詞の過去分詞で後の名詞 **"grounds"** を修飾し、「壁で隔てられ、濠に囲まれ、樹木の多い皇居（**"the Imperial Palace"**）の（敷地の）中で」の意。**"moved"**：「悲しんだ」。

(4) **"affect"**：「ふりをする」。**"disinterest"**：「無関心、無頓着」。**"varied"**：「様々な、多様な」。**"or the time of Enlightened Peace"**は、前の **"the Showa era"** を英語に訳したもの。すなわち、**"enlightened"**：「拡大された、広められた（昭）」**"peace"**：「平和（和）」。セミコロン以降の節の that 節の主部は **"an age of great change for their country"** で **"was at an end"** が述部。

(5) **"rising sun flag"**：「日章旗」。**"drape"**：「（旗などを）掲げる」。**"black bunting"**：「（弔意を示す）黒い布」。

(6) **"newspaper extra"**:「号外」。**"pass away"**:「崩御する」。
(7) **"Buddhist monk"**:「仏教の僧」。**"walk round"**:「歩いて一定のコースを回る」。**"cadence"**:「拍子」。**"sound as low cadence on drums"**:「ゆっくりとしたリズムを太鼓で刻む」。

● 第2パラグラフ

(1) The Showa period, in which Japan soared to heights of militaristic arrogance, plummeted to catastrophe and rose again to a new — and global — trading supremacy, coincided with the reign of Emperor Hirohito. (2) At the age of 87, he was the longest-reigning monarch on earth and the last surviving head of state from the World War II era, and he had occupied the Chrysanthemum Throne longer than any of his recorded predecessors.

▶▶ 各文の解釈の ヒント

(1) **"heights"**:「高所、高地」。**"arrogance"**:「傲慢、尊大」。**"plummet"**:「急に下がる」。**"catastrophe"**:「大失敗、破局」。**"supremacy"**:「最高位、覇権」。**"coincided"** 以下は **"(having) coincided"** と考えて、分詞構文と解釈する。

(2) **"the head of state"**:「元首」。**"chrysanthemum"** は日本の国花である「菊」の意であり、**"chrysanthemum throne"** で、「日本の天皇の座」の意。**"recorded"**:「歴史上記録に残っている」。**"predecessor"**:「前任者」、即ち「以前の天皇」の意。

● 第3パラグラフ

(1) Although his countrymen had always known he would eventually be succeeded by his son Akihito, few could remember a world in which Hirohito had not been dominating, if symbolic, presence. (2) (C), "I

am deeply sad," said a 64-year-old Kyoto woman. " ⁽³⁾ I remember how kind he was, how warm, in the years after the war. ⁽⁴⁾ We will never see a true Emperor again." ⁽⁵⁾ (D), she meant no slight to Akihito but referred to the assumption that the succeeding Emperor's reign — and his relationship to his subjects — will be strikingly different from those of his predecessors. ⁽⁶⁾ That anticipation of change was formalized in the selection of a new name for Akihito's era: Heisei, Achieving Peace. ⁽⁷⁾ The name will henceforce appear on all official documents and coins, as well as on many private items.

▶▶ 各文の解釈の ヒント

(1) **"succeed"**:「後を継ぐ」。**"dominating"** は **"dominate"**:「支配する、優位を占める」という意の動詞の現在分詞形で、**"presence"**:「存在」を修飾する。**"if symbolic"** が挿入され、「たとえ象徴的ではあっても、他を圧倒する存在」の意。

(5) **"slight"**:「軽視、冷淡」。**"meant no slight to Akihito"** で、「明仁皇太子を軽く見るつもりで言ったのではなかった」の意。**"assumption"**:「仮定、想定」。**"subject"**:「家来、臣民」。

(6) **"anticipation"**:「予想、期待」。**"formalized"**:「公のものとなった」。**":"** はコロンで、先行する文や語句を別な表現で言い換える時に使う。**"Heisei"** と **"Achieving Peace"** の間に **"or"** を挿入すれば、第1パラグラフの (4) と同じ表現になる。

(7) **"henceforece"**:「今後」。**"official document"**:「公（式）文書」。**"item"**:「品目」。

● 第4パラグラフ

⁽¹⁾ In death, Hirohito, who had once been worshiped as a god, seemed far more remarkable for his humanity than for his divinity, which he renounced long ago. ⁽²⁾ He was a slight, shy man who loved marine biology and became a recognized expert on jellyfish. ⁽³⁾ He was a devoted husband and father of six who enjoyed sumo wrestling and

TV soap operas. (4) He relished his privacy but carried out official obligations dutifully, attending public ceremonies whenever necessary. (5) (E), every year he planted rice seedlings on the palace grounds — a rite of renewal.

> ▶▶ 各文の解釈の ヒント
>
> (1) "**divinity**":「神性、神であること」。"**which**" の先行詞は "**his divinity**"
> (3) "**soap opera**":「(家族の出来事などを題材にした) 連続ドラマ」。

● 第5パラグラフ

(1) Hirohito was also a man of bravery and passion — for peace, which in his life time proved to be the inspired path for his subjects' ambitions. (2) Before1945 most Japanese had never heard the sound of his voice, but those who listened to Hirohito's radio broadcast to the stricken nation on the topic of surrender would never forget it. (3) The time had come, the Emperor told his people, for "enduring the unendurable and suffering what is insufferable." (4) As it happened, the unendurable led to an unprecedented period of international influence for Japan.

> ▶▶ 各文の解釈の ヒント
>
> (1) "**which**" の先行詞は "**peace**"。"**subject**"(第3パラグラフ (5) 参照)
> (2) "**stricken**" は "**strike**" の過去分詞で「(戦争に) 疲れ、傷ついた」の意。

● 第6パラグラフ

  (1) To many Westerners, the institution of the Japanese monarchy seems a paradox in a country that all but dominates the modern industrial world. (2) Yet the oldest institution of its kind on the globe still lies at the center of the national psyche, characterizing both its flexibility and its resistance to change. (3) (　F　), it is the vehicle and the object of Japanese aspirations, the well-spring of pride in the past and the cultural anchor of a society in the midst of change. (4) As the Chrysanthemum Throne is filled again, the institution — and the nation — are at another beginning.

▶▶ 各文の解釈の ヒント ◀

(1) **"institution"**：「制度」。**"paradox"**：「パラドックス、逆説」。**"all but"**：「ほとんど」。
(2) **"national psyche"**：「国民性」。
(3) 文頭の **"it"** は、(2) の **"the oldest institution"**：「天皇制」を受けている。**"midst"** は **"middle"** と同義。
(4) **"the Chrysanthemum Throne"**（第2パラグラフ (2) 参照）

§2. From God To Man — *Hirohito: 1901-1989*

次に同じく 1989 年 1 月 16 日号の *TIME* に掲載された『神から人へ —— 天皇裕仁：1901 − 1989』を読む。

● 第 1 パラグラフ

⁽¹⁾ Of the many ironies that marked the life of Emperor Hirohito, the greatest was that the shy recluse never seemed to want to be a living god. ⁽²⁾ Yet he was born the Imperial Son of Heaven and went on to become the longest-reigning monarch in the world. ⁽³⁾ While the 62 years of his reign were given the official title Enlightened Peace, they saw the deaths of 2.3 million Japanese soldiers and 800,000 civilians in a war that ravaged much of Asia and marked the bloodiest period in Japan's history. ⁽⁴⁾ And even as the intensely private ruler with the halting walk and high-pitched voice saw his status steadily diminish, he also oversaw his country's unprecedented surge to great economic power. ⁽⁵⁾ Marked by paradox, the life of Hirohito, who died at 87, remained to the end as still and enigmatic as a classical *sumi-e* ink painting.

▶▶ 各文の解釈の ヒント ▶

(1) **"irony"**：「皮肉、アイロニー」。**"recluse"**：「世捨人、隠遁者」。
(2) **"the Imperial Son of Heaven"**：「天子」。
(3) **"ravage"**：「荒らす、破壊する」。**"Enlightened peace"**（§1第4パラグラフ(4) 参照）
(4) **"halting"**：**"halt"**：「立ち止まる、中止する」の現在分詞であり、「(歩き方が)ぎこちない、すぐに立ち止まる」の意。**"unprecedented"**：「前例のない、空

前の」。
(5) **"paradox"**（§1第6パラグラフ (1) 参照）**"enigmatic"**：「謎の、不思議な」。**"sumi-e"**：「墨絵」の意であり、英文中の外国語はイタリック体（斜字体）で表記されるのが原則。

● 第2パラグラフ

(1) At the heart of the riddle, perhaps, was the conundrum of the imperial position: theoretically all powerful, Hirohito was effectively all but powerless. (2) Moreover, he was always a symbol — and a symbol is infinitely malleable. (3) (A), it has never been definitely established just how much responsibility belongs to Hirohito for the ruthless militarism and nationalism conducted in his name.

▶▶ 各文の解釈の ヒント▶

(1) **"riddle"**：「謎」。**"conundrum"**：「謎」。**"all but"**：「ほとんど」。
(2) **"malleable"**：「従順な、人に影響されやすい」。

● 第3パラグラフ

(1) Some contend that the Emperor must bear full and ultimate blame for Japan's warmongering during the first two decades of his reign; others believe that in spite of his unworldly pacifism — or perhaps because of it — the mild-mannered monarch was simply too diffident to control Japan's militarists. (2) (B), to the end of his days, opinions differed about the calm and silent Emperor: while ultrarightists shouted that he be regarded always as a divinity, Japanese leftists swore that he should have been tried as a war criminal.

▶▶ 各文の解釈の ヒント

(1) **"bear blame for"**：「～に対する責めを負う」。**"warmongering"**：「戦争挑発」。**"decade"**：「10年」。**";"**：セミコロンは基本的には等位接続詞。**"unworldly"**：「この世のものでない、純朴な」。**"pacifism"**：「反戦論、平和主義」。**"—"**：ダッシュがペアで使われると機能的には（　）と同等と考えてよい。**"diffident"**：「遠慮がちな、内気な」。

(2) **"ultrarightist"**：「極右国家主義者」。**"divinity"**：「神、神性」。**"leftist"**：「左翼社会・共産主義者」。

● 第4パラグラフ

(1) Such tumult was a curious anomaly in a life whose distinguishing features were, from the beginning, loneliness and austerity. (2) (C), when he was three months old, Hirohito was handed over to a guardian; thereafter, he rarely saw his father, the Taisho Emperor, and visited his mother Empress Sadako only once a week, by appointment. (3) In the meantime, he was subjected to a rigorous training in self-discipline, forced to wear nothing but the thinnest clothing and, on occasion, to stand under an ice-cold waterfall for 15 minutes at a time without uttering a complaint.

▶▶ 各文の解釈の ヒント

(1) **"tumult"**：「騒ぎ、喧騒」。**"anomaly"**：「変則、異常」。**"distinguishing"**：「顕著な、他とは異なる」。**"austerity"**：「厳格、質素」。

(2) **"guardian"**：「養育係」。

(3) **"subject"**：「服従させる」。

● 第5パラグラフ

(1) In a rare interview with *TIME* in 1975, the Emperor cited as one of his greatest influences General Maresuke Nogi, the samurai-enthusiast hero of the Russo-Japanese War, who was the director at Hirohito's school. (2) The general encouraged a "very frugal, strenuous, self-disciplined life," the Emperor told *TIME*. (3) "That made a profound impression on me."

▶▶ 各文の解釈の ヒント

(1) **"General Maresuke Nogi"**:「乃木希典将軍」。学習院院長でもあった。
 "enthusiast":「熱中している人、ファン」。**"frugal"**:「倹約した、質素な」。
 "strenuous":「熱心な、激しい」。

● 第6パラグラフ

(1) Certainly, a sense of rigid stoicism was often in demand. (2) In 1921 the Crown Prince was hastily appointed Prince Regent as it became increasingly clear that the Taisho Emperor was on the brink of mental and physical collapse. (3) Two years later, the Emperor-to-be survived both the great Kanto earthquake that devastated Tokyo and an attmept on his life, engineered, according to right-wingers, by leftist enemies. (4) The young Prince had found a bride for himself when he was only 16 years old; he was allowed to see his fiancée, however, just nine times during the six years that passed before their marriage.

▶▶ 各文の解釈の ヒント

(1) **"stoicism"**:「禁欲主義」。**"in demand"**:「需要がある、人気がある」。

(2) **"Crown Prince"**:「皇太子」。**"Prince Regent"**:「摂政の宮」。**"on the brink of"**:「〜の瀬戸際、〜に瀕して」。**"collapse"**:「衰弱、虚脱」
(3) **"-to-be"**:「将来の、未来の」という意を持ち、接尾辞的に使われる。**"devastate"**:「荒廃させる、うちのめす」。**"attempt on"**:「〜を襲う企て」**"engineer"**:「巧みに計画（実行）する。」

● 第7パラグラフ

(1) On Christmas Day 1926, the Taisho Emperor died, and Hirohito became the 124th ruler to ascend the Chrysanthemum Throne. (2) By then he was well aware that he was to be as much pawn as king. (3) (D), the Meiji constitution of 1889 declared the Emperor "sacred and inviolable," a deity directly descended from the sun goddess of ancient myth. (4) Children were told they would be blinded if they saw his face; the very mention of his name was taboo. (5) But even as his advisers refrained from looking at him, they also refused to listen to him. (6) For them the Emperor was merely a transcendental ratifier, there to sign their wishes into law.

▶▶ 各文の解釈のヒント

(1) **"Chrysanthemum Throne"**（§1第6パラグラフ (4) 参照）
(2) **"be to be"**：be 動詞の後の、いわゆる不定詞の形容詞的用法であり、義務・可能・予定・運命等に解釈できるが、ここは「という運命にある」という意。
"pawn"：「人質」。
(3) **"sacred"**：「神聖な」。**"inviolable"**：「侵すことのできない」。**"deity"**：「神」。**"sun goddess of ancient myth"**：「古代神話の太陽の女神、天照大神」。**"adviser"**：「側近」。
(6) **"transcendental"**：「卓越した」。**"ratifier"**：「批准者、認める者」。

● 第8パラグラフ

 ⁽¹⁾ This manipulation of the imperial decree became increasingly rampant during the '30s, as a group of expansionist generals began seizing control of the nation's destiny. ⁽²⁾ Prime Ministers were hired and fired in the Emperor's name. ⁽³⁾ During World War II, kamikaze fighters were encouraged to die for him. ⁽⁴⁾ (E) the quiet monarch's own views on all this were always veiled. ⁽⁵⁾ In 1941 for example, as counselors argued for the bombing of Pearl Harbor, Hirohito stunned them by reciting a poem composed by his grandfather, the Meiji Emperor: "In a world/ Where all the seas/ Are brethren/ Why then do wind and wave/ So stridently clash?" ⁽⁶⁾ With that gnomic lament, he felt silent.

▶▶ 各文の解釈の ヒント ▶

(1) **"manipulation"**：「巧妙な取り扱い、操作」。**"decree"**：「命令、決定」。
 "rampant"：「手に負えない、はびこる」。**"'30s"**：「1930年代」。
 "expansionist"：「領土拡大主義の」。
(3) **"kamikaze fighter"**：「神風特攻機、神風特攻隊員」。
(5) **"brethren"**：「同胞」。**"stridently"**「耳ざわりな音をたてて」。
(6) **"gnomic"**：「金言の、格言的な」。

● 第9パラグラフ

 ⁽¹⁾ Silence, however, finally proved untenable. ⁽²⁾ In 1945, with Tokyo aflame, Hiroshima and Nagasaki reduced to rubble, and military officers still agitating for a battle to the death, the Emperor decided to speak up. ⁽³⁾ "I cannot endure the thought of letting my people suffer any longer," he told his advisers. ⁽⁴⁾ The following day he went on

radio, for the first time ever, to declare to his battered subjects that the "war situation has developed not necessarily to Japan's advantage." ⁽⁵⁾ As he announced the surrender — without once mentioning the humiliating word — the Emperor betrayed emotion publicly for one of the few times in his life: his voice broke.

▶▶ 各文の解釈の ヒント

(1) **"untenable"**:「守ることができない」。
(2) **"aflame"**:「燃えて」。**"reduce"**:「形を変える」。**"agitate"**:「扇動する」。**"(being) reduced"** と **"agitating"** は共にそれぞれ **"Hiroshima and Nagasaki"**、**"military officers"** を意味上の主語とする分詞構文。**"speak up"**:「(意見などを) はっきりしゃべる」。
(4) **"battered"**:「打ちのめされた、やつれた」。**"subject"**(§1第3パラグラフ (5) 参照)
(5) **"humiliating"**:「屈辱的な」。**"betray"**:「うっかり (本心) を明かしてしまう」。**"break"**:「涙声になる」。

● 第10パラグラフ

⁽¹⁾ The raido broadcast was the first occasion during which the common Japanese citizen ever heard the divine ruler's voice. ⁽²⁾ It also marked the end of Hirohito's supernatural aura. ⁽³⁾ Later that month the ruler humbly quit his palace and presented himself before a moved and astonished U.S. General Douglas MacArthur to claim "sole responsibility for every political and military decision made and action taken by my people in the conduct of the war."

▶▶ 各文の解釈の ヒント

(2) **"supernatural"**:「超自然の、神の」。**"aura"**:「雰囲気、後光」。
(3) **"humbly"**:「謙遜して、恐れ入って」。**"present oneself"**:「出頭する」。

● 第11パラグラフ

(1) Though that laid Hirohito open to the death penalty, MacArthur realized that at least a nominal Emperor could prove a valuable symbol of continuity during the precarious postwar transition. (2) (F) in 1946 Hirohito officially renounced the "false conception that the Empeor is divine and that the Japanese people are superior to other races." (3) Nearly all his $250 million wealth, most of it valuable land, was confiscated by the state.

> ▶▶ 各文の解釈の ヒント
> (1) **"open to"**：「～を免れない、～を受けやすい」。**"nominal"**：「名目だけの、有名無実の」。**"precarious"**：「不安定な、危険な」。
> (2) **"renounce"**：「放棄する、否認する」。**"confiscate"**：「没収する、押収する」。

● 第12パラグラフ

(1) The shedding of divine status probably came as no great loss to a man who had, even as a boy, declared tales of his divinity to be "biologically unsound." (2) Nor did the ascetic and unassuming ruler ever compalin about living off a stipend that amounted to only about $1 million each year. (3) But for him perhaps the most difficult aspect of being desanctified was having to travel around the country, paying inspirational visits to farms, factories and schools. (4) Often the Emperor found mingling with the people so difficult that by way of conversation he could venture nothing more voluble than a quavering "*Aso desu ka?*" (Is that so?).

▶▶ 各文の解釈の ヒント

(1) **"shedding"**：**"shed"**（「放棄する」）の動名詞形。**"unsound"**：「根拠の薄弱な、信用できない」。
(2) **"ascetic"**：「禁欲的な」。**"unassuming"**：「気取らない、謙虚な」。**"live off"**：「～を食べて生きる」。**"stipend"**：「固定給、給付金」。
(3) **"desanctify"**：「神性を取る」。**"inspirational"**：「霊感を与える、鼓舞する」。
(4) **"by way of"**：「～として、～のつもりで」。**"venture"**：「思い切ってやってみる」。**"voluble"**：「おしゃべりな」。**"quavering"**：「声を震わせて」。

● 第13パラグラフ

(1) For the rest of his days, Hirohito pursued a life of simple privacy, a figure hidden from the world behind the thick walls of the imperial compound. (2) (G), in 1961 he and the cheerful Empress Nagako, now 85, moved from the air-raid shelter they had occupied for 17 years into a nondescript two-story Western-style house deep within the palace grounds. (3) There Hirohito maintained a schedule as regualr and quietly efficient as his country's trains — arising early, enjoying a Western-style breakfast, passing the day in his office and then returning home to spend his evenings with his wife, reading newspapers, perhaps, or watching soap operas and sumo wrestling on television.

▶▶ 各文の解釈の ヒント

(1) **"pursue"**：「追求する、従事する」。**"figure"**：「人の姿、人物」。**"compound"**：「居住区域、構内」。
(2) **"air-raid shelter"**：「防空壕」。**"nondescript"**：「特徴のない」。
(3) **"soap opera"**（§1 第4パラグラフ（3）参照）

● 第14パラグラフ

(1) Hirohito was always diligent about fulfilling his ceremonial duties; each year he opened the Diet (parliament) and brushstroked his signature on about 1,200 official documents. (2) Yet none of this seemed to come naturally. (3) (H), once, it is said, the Emperor was ushered into a receiving room to greet a visiting dignitary. (4) The door was opened to reveal an empty hall. (5) The Emperor peered into the bare chamber, bowed and then turned to his aides. " (6) Most interesting and pleasant. (7) We should have more ceremonies like this."

▶▶ 各文の解釈の ヒント ◀◀

(1) **"Diet"**：「(日本の) 国会」。**"brushstroke"**：「筆で書く」。
(2) **"come"**：「起こる、現れる」。
(3) **"usher"**：「先導する、案内する」。**"dignitary"**：「高官、首脳」。

● 第15パラグラフ

(1) The one consuming passion of Hirohito's life was marine biology. (2) (I), when young, the budding natural historian had been advised by a tutor that the best way to find solitude was to study the sea. (3) Ever after, he seemed most in his element conducting research in the laboratory he had built on the palace grounds or pottering around the seashore in Panama hat and Bermuda shorts.
(4) One of the world's leading authorities on jellyfish, he published a number of books on the subject.

▶▶ 各文の解釈の ヒント

(1) "**consuming**"：「(他の何よりもまして) 重要な」。
(2) "**budding**"：「新進の、(あることに) 興味を示し始めた」。"**solitude**"：「孤独」。
(3) "**be in one's element**"：「本来の活動範囲内 (得意の境地) にある」。
"**potter**"：「ぶらぶらする」。

● 第16パラグラフ

(1) His other great delight was recalling the holidays that afforded a brief escape from a life that made him feel, he said, like a "bird in a cage." (2) (J), in 1921 he became the first member of the imperial household to set foot outside Japan, spending six months in Europe, playing golf with the dashing Prince of Wales, having his portrait done by Augustus John and buying postcards of the Eiffel Tower. (3) The Emperor brought back from that trip a lifelong fondness for Western food and clothes, as well as the Paris Métro ticket that was his first purchase and a reminder of his brief taste of freedom.

▶▶ 各文の解釈の ヒント

(1) "**imperial household**"：「皇族、皇室」。"**dashing**"：「さっそうとした」。
"**Prince of Wales**"：英国国王の法定確定継承人である長男子に国王によって授けられる称号。ここではエドワード皇太子 (**Edward VIII**) のこと。

● 第17パラグラフ

(1) In 1975, fully 54 years after he expressed a determination to visit the U.S., he finally realized that dream too. (2) During a 15-day tour, he attended a foodball game, met John Wayne and

enthusiastically explored the Woods Hole Oceanographic Institution in Massachusetts. ⁽³⁾ For years after a trip to Disneyland, one could see a Mickey Mouse watch on the imperial wrist.

▶▶ 各文の解釈の ヒント

(1) **"fully"**:「たっぷり、優に」。
(2) **"enthusiastically"**:「熱心に」。**"oceanographic"**:「海洋学の」。

● 第18パラグラフ

⁽¹⁾ In his reticent way, the Emperor was always something of a tradition breaker. ⁽²⁾ (K), perhaps recalling the trials of his own boyhood, he insisted on remaining close to his children, and allowed his elder son, Crown Prince Akihito, 55, who succeeds him, to take the unprecedented step of marrying a commoner. ⁽³⁾ Early in Hirohito's own marriage, when Nagako bore him four daughters in a row (she later bore a fifth, as well as two sons), many people wanted the Emperor to take a concubine, as his grandfather had done, to bear a son. ⁽⁴⁾ Hirohito refused. ⁽⁵⁾ In a land where wives are rarely seen in public with their husbands, he seemed to derive some of his greatest pleasure from strolling around the palace grounds with Nagako.

▶▶ 各文の解釈の ヒント

(1) **"reticent"**:「無口な、控え目な」。
(2) **"unprecedented"**:「前例のない」。**"commoner"**:「(皇族以外の) 一般人、平民」。
(3) **"concubine"**:「内妻、側室」。
(5) **"derive"**:「引き出す、得る」。**"stroll"**:「散歩する」。

● 第19パラグラフ

⑴ In his simplicity and calm, Hirohito really did serve as what the 1947 constitution demanded: "the symbol of the state and of the unity of the people." ⑵ Stoically enduring the losses of war and then setting himself in an entirely new direction, he both encouraged his country's dazzling progress and incarnated many of its most hallowed customs; his distant, almost mythic figure was a still point in Japan's rapidly turning world. ⑶ And though the Emperor rarely spoke in public, he delivered what may be his truest epitaph in the untroubled poem he wrote when taking leave of divine status: "Under the weight of winter snow/ The pine tree's branches bend/ But do not break." ⑷ Even in the midst of the deepest sorrow, the symbol stood firm.

▶▶ 各文の解釈の ヒント

(2) **"dazzling"**:「目もくらむほどの、見事な」。**"incarnate"**:「具体化する、体現させる」。**"hallowed"**:「神聖な、尊い」。
(3) **"epitaph"**:「最終的判断(評価)」。**"untroubled"**:「乱れのない、静かな」。**"take leave of"**:「別れを告げる」。

§ 3. "When Kobe Died"（I）

　ここでは、1995年1月17日の淡路・阪神大震災を扱った、同年1月30日号の*TIME*の記事 "When Kobe Died" を読む。近代的な大都市がほぼ壊滅した大地震であったが、目まぐるしく人々の関心が変わっていく現代では、あまり語られることもなくなったようである。当事者の1人として、この大災害がどのように世界に報道されたかを振り返ってみたい。

● サブタイトル

　(1) For a while, Japan believed it had made itself quakeproof. That nation's faith was shattered in 20 seconds, as a 7.2 tremor ravaged its sixth largest city, collapsing houses, wrecking roadways, igniting fires, destroying ports and leaving an estimated 5,000 people dead.

▶▶ 各文の解釈の ヒント

(1) **"quakeproof"**: **"proof"** は、「～に耐える、きかない」という意であり、ここでは、「地震に耐える、耐震の」という意。
(2) **"tremor"**: 「マグニチュード」。**"collapse"**: 「つぶす、倒壊させる」。**"wreck"**: 「破壊する」。**"ignite"**: 「発火させる、点火する」。

● 第1パラグラフ

(1) Every year on Sept. 1, on the anniversary of the 1923 earthquake that took 143,000 lives in Tokyo and Yokohama, the Japanese observe national Disaster Prevention Day. (2) (A), all over the archipelago, schoolchildren rehearse running through tunnels of smoke with handkerchiefs covering their faces; the military practices helicopter rescues. (3) In countless towns and cities, fire departments roll out their earthquake-simulation machines. (4) These room-size boxes, equipped with a table, two chairs, a bookshelf, a gas cooking stove and a kerosene heater on a wooden floor, are set on shock absorbers and shudder exactly like an earthquake, escalating in force from 3 to 7 on the Japanese version of the Richter scale. (5) The willing victim is supposed to learn the tricks of quake survival: turn off the stove, open the door and hide under the table. (6) Thousands of brave souls take the ride.

▶▶ 各文の解釈の ヒント

(1) **"anniversary"**:「～周年祭」。**"observe"**:「祝う」。**"Disaster Prevention Day"**:「防災の日」。
(2) **"archipelago"**:「群島、列島」。
(3) **"roll out"**:「ころがして出す」。
(4) **"shudder"**:「震える」。**"escalate"**:「段階的に拡大する、漸増する」。**"the Japanese version"**:「マグニチュードの日本版」、すなわち、「震度」の意。**"the Richiter scale"**:「リヒター・スケール（地震の強さを表す尺度）、マグニチュード」。
(5) **"trick"**:「要領、こつ」。

● 第2パラグラフ

⁽¹⁾ The city of Nishinomiya, 14 km outside the port of Kobe, contains many rooms the same size as those simulators. ⁽²⁾ (B), they tend to be in two-story, traditional wooden houses built in the years just after World War II. ⁽³⁾ The roofs of such houses are heavy blue or brown tile. ⁽⁴⁾ The walls are a thin lattice of light wood finished with stucco. ⁽⁵⁾ The effect, says Laurence Kornfield, a San Francisco chief building inspector familiar with the style, is "a lot like putting a heavy book up on top of a frame of pencils."

▶▶ 各文の解釈の ヒント

(3) **"tile"**：ここでは「瓦」の意。
(4) **"lattice"**：「格子」。**"stucco"**：「しっくい、壁土」。

● 第3パラグラフ

⁽¹⁾ At 5:46 a.m. on Tuesday, when a real earthquake, the most deadly since 1923, roared through the Kobe area, something happened to the little rooms that never happens in the simulator machines. ⁽²⁾ (C), their roofs fell in. ⁽³⁾ By the tens of thousands. ⁽⁴⁾ Where each house stood, there is now just a brown or blue blanket of tile, settled almost gently over a wreckage of wood, plaster and human bodies.

▶▶ 各文の解釈の ヒント

(1) **"roar"**：「轟音をたてる」。
(2) **"fall in"**：「落ち込む」。
(4) **"a blanket of"**：「一面の」。**"wreckage"**：「残骸」。**"plaster"**：「しっくい、壁土」。

● 第4パラグラフ

$^{(1)}$ On Tuesday night in Nishinomiya, Lieut. Tsutomu Fujii and 10 of his men from the Japanese Self-Defense Forces were digging away in such a ruin. $^{(2)}$ (D), they toiled through a frigid night lighted only by a full moon, while the daughter of the house stood nearby, sniffing back tears. $^{(3)}$ Eventually they evacuated her parents, gently placed their bodies on litters cobbled out of a broken door and a kitchen counter, and loaded them on a truck headed for a makeshift morgue. $^{(4)}$ Lieut. Fujii had dug out seven corpses since morning, turning him into something of an instant expert. "$^{(5)}$ That couple seems to have got out of bed and made it to the entryway of their house," he said. "$^{(6)}$ Then the whole house fell on them. $^{(7)}$ They didn't stand a chance." $^{(8)}$ Then Fujii turned and marched off to the next collapsed home.

▶▶ 各文の解釈の ヒント ▶

(1) "**lieut (enant)**":「二尉」。"**away**":「せっせと」。"**ruin**":「荒れ果てた跡、廃虚」。

(2) "**toil**":「(長時間) 骨折って働く」。"**frigid**":「寒さの厳しい」。"**sniff back**":「しゃくりあげる」。

(3) "**evacuate**":「救出する」。"**litter**":「寝わら、担架」。"**cobble**":「つぎはぎする」。"**load**":「載せる」。"**makeshift**":「間に合わせの、臨時の」。"**morgue**":「死体保管所」。

(4) "**corpse**":「死体」。

(5) "**make it to**":「間に合って〜にたどり着く」。"**entryway**":「(入り口への) 通路」。(7) "**stand a chance**":「見込みがある」。

● 第5パラグラフ

(1) By Saturday, probably in excess of 5,000 people had perished in Kobe, more than half of them the elderly, who customarily sleep on the ground floor.　(2) The quake injured 25,000; 46,440 buildings lay in ruins; 310,000 — one-fifth of the city's population — were at least temporarily homeless.　(3) Nearly a million households had no water, 40,000 had no electricity, 849,500 no natural gas — all the results of an earthquake that struck where no one was prepared to expect it, any more than the simulators had prepared them for its devastation.　(4) In the past few months, the Japanese public had grown increasingly nervous about the possibility of a large quake.　(5) (E), the country sits at the intersection of four tectonic plates, and from Hokkaido in the north to Kyushu in the south, it is almost constantly at seismic risk.　(6) Over the past half-year, a series of tremors had rocked the northern and northeastern parts of the archipelago: an 8.1 in October, a 7.5 in December and a 6.9 in January.　(7) They were too big, in too rapid succession.　(8) An old fear began to reassert itself, centering, naturally, on high-risk Tokyo.

▶▶ 各文の解釈の ヒント

(1) **"in excess of"**：「～より多い」。**"perish"**：「(災害などで) 死ぬ」。
(3) **"devastation"**：「災害」。
(5) **"tectonic plate"**：「プレート」。地層部を構成している岩板のこと。プレートの移動による地殻変動により地震が生じるとされている。**"seismic"**：「地震による」。
(6) **"tremor"**：「震動」。

● 第6パラグラフ

(1) And so last week's quake struck Kobe, which is nowhere near Tokyo, and was supposedly one of the most quake-safe cities in Japan. (2) It is in the country's west, not on the seismically jumpy Central Pacific coast, on a fault far from the main tectonic collision zones. (3) Kobe is not as big as Tokyo, but with 1.5 million inhabitants, it is Japan's second largest port. (4) Its importance was recognized by American commanders, who bombed it 25 times in the final year of World War II, the last time on the day Japan formally announced its surrender. (5) The aerial attacks ruined the city, killing 17,014 people and leaving 530,858 homeless. (6) Last week the quake that Japan had not expected accomplished about a third much carnage in 20 seconds. (7) "I was a child when the city was destroyed during the war," said Shigemitsu Okino, huddled in a makeshift shelter. " (8) It looked a lot like this. (9) The difference is, we could hear the planes coming, but the earthquake was silent."

▶▶ 各文の解釈の ヒント

(2) **"jumpy"**:「激しく揺れる」。**"fault"**:「断層」。**"tectonic collision zone"**:「プレートがぶつかり合う地帯」。
(6) **"carnage"**:「大虐殺、殺戮」。
(7) **"huddle"**:「(体を) 丸める、うずくまる」。

● 第7パラグラフ

(1) The fault that ruptured lies about 10 km beneath Awaji Island, 24 km off Kobe's shore. (2) The sides of the fault suddenly shifted against

each other, violently lurching a total of two to three meters in opposite directions. ⁽³⁾ The result was havoc. ⁽⁴⁾ (F), trains flipped on their sides, and at least one train station rolled over, crushing cars in its parking lot. ⁽⁵⁾ The supposedly indestructible track of the Shinkansen bullet train snapped in eight places. ⁽⁶⁾ Luckily, the first train of the day had not yet left for Kobe. ⁽⁷⁾ The city's main highway disintegrated in three places. ⁽⁸⁾ In the case of the elevated Hanshin Expressway, 15 of the huge reinforced concrete pillars holding up the roadbed broke off at their bases, and a 500-m stretch of four-lane blacktop tore loose, tripping at a 45 angle, as though it had got tired and leaned over to rest its right lane on the ground. ⁽⁹⁾ Drivers soared off into midair. ⁽¹⁰⁾ "It was terrifying," said Yoshio Fukumoto, who managed to get himself and his passengers out of a bus after its front end had screeched to a halt with the first 2 m suspended in space. ⁽¹¹⁾ "Like watching a scene from a movie." ⁽¹²⁾ And every road, in every part of the city, was lined with flattened houses.

▶▶ 各文の解釈の ヒント

(1) **"rupture"**:「破裂する、決壊する」。
(2) **"lurch"**:「不規則に揺れ動く」。
(3) **"havoc"**:「大破壊、大混乱」。
(4) **"flip"**:「はじき飛ぶ、ひっくり返る」。**"roll over"**:「寝返りをうつ」。
(5) **"supposedly"**:「推定上」。**"track"**:「線路、軌道」。**"snap"**:「切れる、折れる」。
(7) **"disintegrate"**:「崩壊する、分解する」。
(8) **"elevated"**:「高架の」。**"reinforced concrete pillar"**:「鉄筋コンクリートの柱」。**"roadbed"**:「路面、路盤」。**"blacktop"**:「アスファルト」。**"tear loose"**:「ぐにゃぐにゃに裂ける」。**"trip"**:「傾く」。
(9) **"soar"**:「舞い上がる」。
(10) **"screech to a halt"**:「急ブレーキをかけて止まる」。**"suspended"**:「吊り下げられた、宙ぶらりんの」。
(12) **"line"**:「沿って並べる」。

● 第8パラグラフ

(1) Then came fire: hundreds of separate blazes, some consuming whole neighborhoods, many lighted perhaps by the toppled gas cooking burners of early-morning breakfasters.　(2) (G), fire fighters could not combat the blazes: there was no water in the wrecked city mains. (3) Rescue vehicles failed to come, and wounded people trapped in collapsed and burning houses began to die.　(4) As California has learned, an earthquake does not have to be the Big One to be hell.
(5) Said Hiroshi Yagi, a computer-company executive: "I couldn't believe my eyes. It looked like the last days of the war."

▶▶ 各文の解釈の ヒント ▶
　(1) **"consume"**：「(火災が) 焼きつくす」。**"topple"**：「ひっくり返す」。
　(2) **"combat"**：「戦う、反抗する」。**"main"**：「(上下水道の) 本管」。
　(3) **"trap in"**：「～に閉じ込める」。
　(4) **"the Big One"**：「大きいやつ」。

● 第9パラグラフ

(1) At the Nishinomiya sport center, facilities are divided in two.
(2) One part, the main gym, now serves as a dormitory for hundreds of families who have lost their homes or fear they will collapse.　(3) Because the city's gas supply is designed to cut off automatically at the first tremor of a quake, the gym, like the rest of the city, has no heat; 500 refugees huddle in blankets against the subfreezing weather.　(4) Some have salvaged a few belongings, and others have managed to save pets － a tame racoon squirms in a cage.

▶ 各文の解釈の ヒント

(3) **"refugee"**：「避難民」。**"subfreezing"**：「氷点下の」。
(4) **"salvage"**：「(火災などから) 救い出す」。**"tame"**：「飼いならされた、従順な」。**"racoon"**：「アライグマ」。**"squirm"**：「身をくねらせる、もじもじする」。

● 第10パラグラフ

(1) Despite their misery, the survivors are quiet and stoical. (2) (H), "*Shoganai*," they say, it can't be helped. (3) A monumental tragedy had arrived, but it, like so many before it, would pass. (4) Occasionally there is weeping, but there is no hysteria, no yelling, and grief is muted, even private. (5) The adjoining rooms have been turned into temporary morgues, and all night long there is solemn traffic between the room of the living and those of the dead. (6) Survivors enter to identify a relative, then return and lay their own bedding next to the body in order to fulfill *otsuya*, the Buddhist practice of spending a night with the newly deceased.

▶ 各文の解釈の ヒント

(3) **"monumental"**：「途方もない」。
(4) **"hysteria"**：「ヒステリー、病的興奮」。**"yell"**：「叫ぶ、わめく」。
    "muted"：「黙った、抑えた」。
(5) **"adjoining"**：「隣接した」。**"solemn"**：「厳粛な、重々しい」。**"traffic"**：「人通り、往き来」。
(6) **"identify"**：「身元を確認する」。**"bedding"**：「(寝るための) 敷物」。
(7) **"the deceased"**：「故人」。

● 第11パラグラフ

⁽¹⁾ There were enough hours in the three endless days following the Kobe quake to accomodate mourning, hardship and eventually blame. ⁽²⁾ Occasionally, foreign-seeming figures intruded: soldiers in their khakis, firemen clad in surreal silver. ⁽³⁾ But for the most part, it was a city of refugees. ⁽⁴⁾ (I), by night people huddled in high schools or town halls, in stairwells or around bonfires. ⁽⁵⁾ By day they drifted back to the wreckage of their lives. ⁽⁶⁾ Kazumichi Kawabata, 45 and grieving, searched brokenly through the remains of his house. ⁽⁷⁾ He was looking for his driver's license, he noted dully. ⁽⁸⁾ But "the most important thing, I can't get. ⁽⁹⁾ That's the voice of my daughter."

▶▶ 各文の解釈の ヒント

(1) **"accomodate"**：「合わせる、和解させる」。(2) **"intrude"**：「侵入する、立ち入る」。**"khaki"**：「カーキ色の軍服」。
(4) **"by night"**：「夜は」。**"stairwell"**：「階段の吹抜け」。**"bonfire"**：「たき火」。
(5) **"by day"**：「昼間は」。**"drift"**：「(あてどなく、ゆっくり) 移動する」。**"wreckage"**：「残骸」。
(6) **"brokenly"**：「とぎれとぎれに」。**"remains"**：「残骸」。

● 第12パラグラフ

⁽¹⁾ Living conditions were wretched. ⁽²⁾ (J), in Kobe proper, the acrid smoke from all the fires was so thick that it fogged the air and obscured the Rokko Mountains. ⁽³⁾ Without water there were few functioning toilets and no baths. ⁽⁴⁾ In many shelters, a day's food consisted of a rice cake. ⁽⁵⁾ Some trolled for drinking water in

polluted brooks.　⁽⁶⁾ After-shocks frazzled already shot nerves, and doctors worried about sanitation and what seemed like an incipient flu epidemic.

▶▶ 各文の解釈の ヒント

(1) **"wretched"**：「悲惨な、ひどい」。
(2) **"proper"**：「厳格な意味での、本当の」。前の固有名詞を修飾する。**"acrid"**：「刺激性の不快な匂いのする」。
(5) **"troll"**：「ぶらつく、相手を求めてうろつく」。**"brook"**：「小川」。
(6) **"after-shock"**：「余震」。**"frazzle"**：「すりきらす、疲れさせる」。**"shot"**：「すりきれた、疲れた」。**"sanitation"**：「公衆衛生」。**"incipient"**：「初期の、発端の」。**"epidemic"**：「流行病」。

● 第13パラグラフ

⁽¹⁾ Tens of thousands of people, appalled at the lack of goods and services, picked up their belongings and set out on foot for Osaka, 30 km away.　⁽²⁾ (K), Yoko Kawaguchi, 28, dressed in fashionable clothes, pushed her daughter Aya, 14 months, around piles of cement and glass.　⁽³⁾ "We're going to my sister's house near Osaka," she said, pointing to her husband driving ahead of her on a motorcycle loaded with clothing.　⁽⁴⁾ "We're worried that our house might not survive another strong quake."　⁽⁵⁾ An elderly man stayed put, sitting in front of his shattered house, holding a flask.　⁽⁶⁾ "Everything is gone," he said.　⁽⁷⁾ "What can you do except sip sake and smile?"

▶▶ 各文の解釈の ヒント

(1) **"appal"**：「ぞっとさせる、仰天させる」。
(5) **"stay put"**：「同じところにとどまる、そのままでいる」。
(6) **"flask"**：「酒瓶」。

§4. "When Kobe Died" (II)

続いて "When Kobe Died" の第14パラグラフから最後の第26パラグラフまでを読んでいく。

● 第14パラグラフ

(1) In the foreign press, much was made of the refugees' good behavior. (2) There were no reports of looting, and many shared what little food they had, maintaining civility under trying circumstances. (3) But their stoicism did not preclude a deep discontent.

▶▶ 各文の解釈の ヒント

(1) **"press"**:「新聞、雑誌」。**"make much of"**:「～をもてはやす」。
(2) **"loot"**:「略奪する」。**"civility"**:「丁寧さ、礼儀」。**"trying"**:「苦しい、つらい」。形容詞で後ろの **"circumstances"** を修飾している。**"stoicism"**（§2第6パラグラフ（1）参照）**"preclude"**:「排除する、除外する」。

● 第15パラグラフ

(1) This was in part almost spiritual in nature. (2) The Japanese, understandably, have always been obsessed with quakes. (3) Once they attributed the tremors to the thrashing of a giant catfish called Namazu. (4) In recent times Japanese have come to believe in the power of science to guard them against the catastrophic thrashing. (5) The nation invested heavily in quake research, quakeproof enginnering, quake

relief. ⁽⁶⁾ When Japanese saw the damage done in Los Angels on Jan. 17, 1994, they smiled to themselves and thought, we would have fared far better. ⁽⁷⁾ Not only did they believe their seismologists could predict the next Big One, but their leaders gave the impression they would be ready for it when it came. ⁽⁸⁾ But when the ground shook under Kobe on Jan. 17, 1995, that faith suffered its own Richter shock, and Japanese confidence in their ability to outsmart nature lay in ruins. ⁽⁹⁾ A vast feeling of insecurity rushed into the vacuum, accompanied by anger.

▶▶ 各文の解釈の ヒント

(1) **"spiritual"**：「精神的な」。**"nature"**：「性質」。
(2) **"be obsessed with"**：「～に取り付かれている、～に悩まされている」。
(3) **"attribute to"**：「～に帰する、～のせいにする」。**"thrash"**：「激しく振り動かす、のたうちまわる」。**"catfish"**：「ナマズ」。
(4) **"catastrophic"**：「大災害の」。
(5) **"invest"**：「投資する」。**"quakeproof"**：「耐震の」。**"quake relief"**：「震災救助」。
(6) **"to oneself"**：「自分自身に、自分だけに」。**"fare"**：「うまくやる」。
(7) **"predict"**：「予言する、予知する」。**"the Big One"**（§3第8パラグラフ（4）参照）
(8) **"Richter"**（§3第1パラグラフ（4）参照）**"outsmart"**：「知恵でまかす、～より一枚上手である」。**"in ruins"**：「荒廃して」。
(9) **"insecurity"**：「不安定、不確実」。**"rush"**：「殺到する」。**"vacuum"**：「真空、空白」。

● 第16パラグラフ

⁽¹⁾ Longtime emphasis on the threat in Central Pacific Japan had created an atrophy of vigilance in the western part of the country: in Tokyo 27% of homes kept emergency supplies; in Osaka the number had shrunk to 2.6%. ⁽²⁾ (　A　), while Tokyo's army and civilian officials conducted yearly drills to test their coordination, military officials reluctantly admit that in the Kobe area they did not.

▶ 各文の解釈の ヒント

(1) "**atrophy**":「衰退、萎縮、退化」。"**vigilance**":「警戒、用心」。
"**emergency supplies**":「緊急用食料品」。"**shrink**":「減る、少なくなる」。
(2) "**civilian**":「一般人の、民間の」。"**conduct drills**":「厳しい訓練（練習）をする」。"**coordination**":「調整、協調」。"**reluctantly**":「いやいや、不本意ながら」。

● 第17パラグラフ

(1) The result was a deadly confusion that seemed to overtake every level of government. (2) (B), immediately after the quake, Kobe authorities failed to cordon off main roads for official use, and the delay of police and fire vehicles undoubtedly raised the death toll. (3) For nearly four hours, the Governor of Hyogo prefecture, which includes Kobe, neglected to make the necessary request for aid to the national armed force, which would provide 16,000 rescuers by week's end. (4) The national government could also have stepped in sooner to aid with coordination. (5) Soldiers who did arrive were plagued by communications snafus: at midnight on Tuesday, one field commander was unable to get radio instructions and had to drive to the Nishinomiya city hall for information. (6) In the context of such disarray, some Kobe residents wondered whether their rescuers were dangerously dispirited.

▶ 各文の解釈の ヒント

(1) "**deadly**":「致命的な、はなはなだしい」。"**overtake**":「～に襲いかかる、突然降りかかる」。"**government**":「行政」。
(2) "**cordon off**":「～の交通を遮断する」。"**toll**":「犠牲、死傷者数」。
(3) "**neglect**":「怠る、おろそかにする」。"**rescuer**":「レスキュー部隊隊員」。
(4) "**step in**":「介入する、参加する」。

(5) **"plague"**:「悩ませる、苦しめる」。**"snafu"**:「(混乱) 状態、(明白な) 誤り」。**"field commander"**:「現場の指揮官」。**"radio"**:「無線電信による」。
(6) **"context"**:「状況、事情」。**"disarray"**:「混乱」。**"dispirited"**:「落胆させる、希望を失わせる」。

● 第18パラグラフ

(1) At 1:30 a.m. on Wednesday, 21 hours after the quake, an army rescue detail halted its rescue prematurely. (2) (C), a seven-story building in a working-class Nishinomiya district had rolled over on its side, reportedly trapping 15 to 20 people within. (3) The soldiers removed two bodies and then stopped digging. (4) Shrugged a young lieutenant: "We think it's hopeless. No one could have survived by now."

▶▶ 各文の解釈の ヒント

(1) **"detail"**:「特務班、選抜隊」。**"halt"**:「停止させる、中止する」。**"prematurely"**:「早まって、時期尚早に」。
(2) **"reportedly"**:「伝えられるところによれば、うわさでは」。**"trap"**:「窮屈なところに閉じ込める」。
(4) **"shrug"**:「(肩を) すぼめる」。

● 第19パラグラフ

(1) A few blocks away and half a day later, a fireman shook his head as his unit attacked a crumbled house thought to have five people inside: a young girl, her parents, grandmother and great-grandmother. (2) (D), "Until about 7 last night," a bystander said, "we could hear the little girl calling *okasan, okasan* [mother, mother]." (3) But the fatigued firemen, peforming a kind of triage, ignored the dwelling for

§4. "When Kobe Died" (II) 41

easier rescues nearby. (4) Now, as they began to dig, the crumpled house was silent. (5) Alone in its rubble stood a large bronze statue of Kannon, a female representation of the Buddha; her name means "the one who hears cries."

▶▶ 各文の解釈の ヒント

(1) **"unit"**:「部隊」。**"crumbled"**:「くずれた」。
(2) **"bystander"**:「見物人」。
(3) **"fatigued"**:「疲れた」。**"triage"**:「(医療処置の緊急性に基づく) 傷病者の優先順位づけ」。**"dwelling"**:「住宅」。
(4) **"clumpled"**:「くずれた」。
(5) **"statue"**:「像」。**"representation"**:「表象」。

● 第20パラグラフ

(1) Yoshio Miyoshi, 34, currently housed at the East Suma elementary school, has had enough of stoicism. (2) "We're partly to blame because many of us have not prepared for earthquakes," he says, shaking his head. "(3) But everyone here is surprised that we've had so little help. (4) Many had to watch our homes burn down with not a fireman in sight. (5) Then we have to go without food or water because the authorities are so disorganized."

▶▶ 各文の解釈の ヒント

(1) **"house"**:「家をあてがう、住居を提供する」。**"stoicism"**(§2第6パラグラフ (1) 参照)
(2) **"be to blame"**:「責がある」。
(4) **"burn down"**:「焼け落ちる」。
(5) **"authorities"**:「当局」。**"disorganized"**:「(組織が) 混乱した」。

● 第21パラグラフ

(1) His complaint, even in a society that shuns direct attack, is finding echoes in high places.　(2) (　E　), Yokohama Mayor Hidenobu Takahide, a former construction-ministry official, says boldly, "The problem is that the government did not exert leadership."　(3) In a speech to the Diet, Prime Minister Tomiichi Murayama pledged that his government would "waste no time in taking every necessary fiscal and financial measure" to help rebuild the devastated area.　(4) But when he suggested that the relief effort had faltered because of the quake's unprecedented severity, loud jeers rang out from the opposition benches.　(5) It was widely reported that Murayama had learned of the disaster only two hours after it struck.　(6) When he toured Kobe, Tokyo papers featured quotes from angry residents, along the lines of "We don't need Murayama.　We need drinking water."

▶▶ 各文の解釈の ヒント ▶

(1) **"shun"**:「避ける」。**"find echoes"**:「共鳴を得る」。
(2) **"exert"**:「行使する、ふるう」。
(3) **"pledge"**:「誓う、保障する」。**"fiscal"**:「財政(上)の」。**"financial"**:「金融の」。**"devastated"**:「被害を受けた」。
(4) **"falter"**:「つまずく」。**"severity"**:「激烈、苛烈」。**"jeer"**:「あざけり」。**"opposition bench"**:「野党議員の議席」。
(6) **"feature"**:「特集(特別扱い)する」。**"quote"**:「引用文(句)」。**"along the lines of"**:「～のような、～に(よく)似た」。

● 第22パラグラフ

(1) By the end of the week, welcome food and water shipments finally arrived at the Nishinomiya sports center and other large shelters — enough, in fact, so that authorities claimed everyone was getting two good meals a day. (2) In some neighborhoods, the resumption of running water reduced the prospect of disease.
(3) Makers of goods ranging from helicopters to lingerie donated wares (the local yakuza had already turned themselves into neighborhood godfathers by dispensing necessities in their district), and tractors and cranes began working day and night to dig out victims and remove the huge hulk of the collapsed highway.

▶▶ 各文の解釈の ヒント ▶

(1) "**welcome**":「歓迎される、自由にできる」。"**shipment**":「積荷」。
(2) "**resumption**":「再開」。"**running water**":「水道水」。
(3) "**donate**":「寄付（寄贈）する」。"**ware**":「製品」。"**godfather**":「ファミリーの長」。"**dispense**":「施す」。"**hulk**":「殻、船体」。

● 第23パラグラフ

(1) Housing the homeless ramained a problem: between them, local and central governments committed to build just 7,000 new houses, a token gesture. (2) But a government agency offered low-interest loans to homeowners, and several banks extended similar deals to afflicted businesses. (3) (F), Kobe's short-term losses have been estimated at between $33 billion and $80 billion; and it has become apparent that international companies from Ford, which imports engines and

transmissions, to European shippers who used Kobe as a transfer point for containers bound for much of the Far East will be slowed down or disrupted.

▶▶ 各文の解釈の ヒント

(1) **"commit"**：「委託する、明言する」。**"token"**：「名ばかりの」。
(2) **"afflicted"**：「被害を受けた」。

● 第24パラグラフ

(1) Still, according to the Daiwa Institute of Research, combined public and private spending on Kobe's reconstruction may reach as high as $50 billion, which it estimates might help add 0.4% to recession-plagued Japan's economic growth for the fiscal year 1995. (2) On Tuesday morning, one hour after the great tremor struck, Takehiko Kano was startled to see men in his neighborhood, where many of the one-family houses were totally destroyed, heading for work. (3) "They were looking at their watches and wondering why the bus hadn't arrived on time."

▶▶ 各文の解釈の ヒント

(1) **"recession-plagued"**：「景気後退に苦しめられている」。

● 第25パラグラフ

(1) Kazuo Nukazawa, managing director at Keidanren, the Japanese Federation of Economic Organizations, feels that the quake's benefits will extend further than that. " (2) We Japanese learn from the

school of experience," he says, "and this will reduce our hubris and complacency. ⁽³⁾ We've been proud of building bridges and roads that were not supposed to collapse, but people now see that there were faults in the buildings and infrastructure. ⁽⁴⁾ In Tokyo people will now make better preparations for a quake and get over their complacency. ⁽⁵⁾ We have learned something, and that's what we need to do."

▶▶各文の解釈の ヒント ▶

(2) **"the school of experience"**：「経験という学校」。**"hubris"**：「傲慢、うぬぼれ」。**"complacency"**：「自己満足」。
(3) **"infrastructure"**：「基幹施設、インフラストラクチャー」。

● 第26パラグラフ

⁽¹⁾ Nukazawa, however, lives in Tokyo. ⁽²⁾ In Nagata, the Kobe neighborhood most ravaged by fire, two large groups of begrimed fire fighters were using rakes and shovels to comb the charred debris for the remains of more victims. ⁽³⁾ A few meteres away, a small middle-aged woman dressed in sweater and pants knelt to the ground.
⁽⁴⁾ Water was still scarce, so the white chrysanthemums in the jar she held were no doubt drinking part of her personal ration. ⁽⁵⁾ According to custom, the survivors of someone who has perished in an accident build a small shrine at the place where their loved one died. ⁽⁶⁾ The woman set the flowers down next to a blackened plank. ⁽⁷⁾ Then she allowed herself to cry.

▶▶各文の解釈の ヒント ▶

(2) **"ravage"**（§2第1パラグラフ (3) 参照）**"begrimed"**：「(煙・すすで) 汚れ

た」。**"rake"**：「熊手」。**"comb"**：「徹底的に捜査する」。**"charred"**：「焦げた」。**"debris"**：「残骸」。
(4) **"ration"**：「割り当て」。
(5) **"perish"**：「(災害などで) 死ぬ」。**"shrine"**：「社、ほこら」。
(6) **"plank"**：「板」。

おわりに

　トピックをまず提示して、それから詳細に、具体的に説明をする、というのが大体のパラグラフの構成と言えるようである。学術論文においても、英米人によって書かれた英語の論文では、まず結論が述べられ、その後に説明が続くのが一般的な順序であると言われている。日本式（？）の、結論を最後に述べる論の進め方は、少なくとも英文で書かれる論文では、一般的ではない。

　日本には日本式の論の進め方があり、日本の情報を英文で発信する時も、英米式に改めることはないという主張も予想されるが、情報過剰な現実を直視すれば、より一般的に行われている論の進め方で情報を発信する方が、より効率的に情報を理解してもらうことができることは否定できない。

　情報の伝達を第1に考えるならば、トピックをまず提示し、その後にトピックの説明を加えるという方式に慣れることにより、英文の情報をより迅速・正確に理解し、より迅速・正確に理解してもらえる英文の情報を発信することができるのではないであろうか。

■著者紹介

清水　研明（しみず　けんめい）

1977年 上智大学大学院修士課程修了（言語学）。その後、桜の聖母短期大学助教授、川崎医療福祉大学・川崎医科大学教授を経て、現在奥羽大学文学部英語英文学科教授

主な著書・論文
- 『TIME/Newsweekの読み方：論理の流れを中心に』（大学教育出版）
- "Chimpanzee and Human Language: Sassurian Viewpoint"
- "How to Develop a Structure Strategy: A Framework for Japanese College Students"
- "Rhetorical Organization of English Resarch Articles Written by Japanese Researchers"
- 「スキーマ理論と英語教育」

ワークブック：TIMEを読む

2001年3月31日　初版第1刷発行

■著　者——清水　研明
■発行者——佐藤　正男
■発行所——株式会社 大学教育出版
　　　　　〒700-0951　岡山市田中124-101
　　　　　電話(086) 244-1268　FAX(086) 246-0294
■印刷所——サンコー印刷㈱
■製本所——日宝綜合製本㈱
■装　丁——ティーボーンデザイン事務所

Ⓒ Kenmei Shimizu 2001, Printed in Japan
検印省略　　落丁・乱丁本はお取り替えいたします。
無断で本書の一部または全部を複写・複製することは禁じられています。

ISBN4-88730-423-3

Contents

§ 1. The Showa Era: An Emperor dies, and in his passing an ancient symbol is renewed ··2

§ 2. From God To Man — Hirohito: 1901-1989······················7

§ 3. "When Kobe Died" (I) ··18

§ 4. "When Kobe Died" (II) ···26

§ 1. The Showa Era: An Emperor dies, and in his passing an ancient symbol is renewed

● 第1パラグラフ

　(1)「何百人という国民が秋から初冬にかけて、皇居の門のところで、夜を過ごした。」と (2)「天皇の病との戦いが3か月目、4か月目になり、国民は天皇の病状の悪化を伝える新聞の報道を漏らさず読み、国民の生活はいろいろな面で制限され、自粛を求められたり、天皇の病状への配慮を求められることが多くなった。」は、天皇の病状が進むにつれて、それが一般国民の日常生活にも影響を与えるようになったことが述べられており、時間の経過が、この2つの文の順序にそのまま反映されていると考えることができる。
(3)「天皇が、先週の金曜日の午前6時33分、東京の真ん中にある、塀と濠で囲まれ、樹木の色濃い皇居内で十二指腸癌で亡くなったことを、1億2,200万の国民が知った時、彼らの悲しみは深かった。」は、先行する (2)、あるいは、(1)・(2) とどのように結び付けられているのだろうか。(1)・(2)・(3) が、時間の経過に沿って並べられているのは明らかである。しかし、国民が恐れつつも予期していた天皇の死がついに現実になったことを表す (3) は、単に、(1)・(2) の後に起こった出来事であるばかりではなく、クライマックスでもあり、したがって、それを意味する接続副詞 "Then" や前置詞句 "At last" が 空欄 (A) に入る。
　(4)「ある人は涙を流し、ある人は祈り、ある人は無関心を装ったが、程度の差こそあれ皆一様に、日本に大きな変革をもたらした、『平和を広める』という意味で『昭和』と名付けられたこの63年にわたった時代が終わったのだということを理解した。」は、天皇の死に対する人々の反応が示されおり、(5)・(6)・(7) も同じように考えることができる。したがって、空欄 (B) には、"For example" のような、次に具体例が来ることを示す接続表現が適切であろう。(5)「日章旗には、弔意を表す黒い布が付けられ、官庁は6日間の喪に服すことになった。」(6)「新聞社は『天皇崩御』の号外を出した。」(7)「皇居の外では、2人の仏教の僧が、手に持った太鼓のゆっ

くりとした音に合わせて経を唱えながら歩いていた。」

　「パラグラフを読む前に」で述べたように、原文にあった表現を空欄の(A)・(B)としたのではない。本来どのような接続表現も示されてはいない箇所に、どのような接続表現を使うべきなのかを考えてもらったのは、パラグラフを構成している文が、具体的にどのように結び付けられているのかを考えてもらいたかったからである。空欄(A)のところに "Then" を使い、空欄(B)のところに "For example" を使えば、むしろ、くどい、洗練さの欠けた文章になるかもしれない。しかしながら、1つのパラグラフの中には、他の文と関連性のない文はない、という事実を再確認するために、一つ一つの文について先行部分とどのように結び付けられているのかを考えてきた。

　この段階で、このパラグラフを構成する文が相互にどのような関係にあるのかは理解できるのではないかと思う。すなわち、天皇の死を中心にして、以前・以降の国民の様子が述べられている。したがって、天皇の死の様子を述べた(3)がこのパラグラフのトピック・センテンスであり、(1)・(2)がトピック・センテンスを導くイントロダクション、(4)～(7)が天皇の死に対する国民の反応の具体例という構成になっている。

● 第2パラグラフ

　このパラグラフを構成する、(1)「昭和は、日本が軍事的絶頂に登りつめた時代でもあったが、敗戦の後、貿易立国を国是として世界有数の経済大国として再生した時代でもあり、まさに、天皇裕仁が在位していた時代でもあった。」と(2)「天皇は87歳の時点で、地球上最も在位期間の長い君主であるとともに、第2次世界大戦時から引き続いて在位していた唯一の君主でり、日本の有史以来の天皇の中で最も長く在位した天皇でもあった。」のうち、(1)は「昭和」という時代を説明し、(2)は「昭和天皇」の在位の長さに言及している。どちらの文がこのパラグラフのトピック・センテンスかを決めるのは難しいが、次のパラグラフが昭和天皇の人となりについて言及していることを考えると、(1)が前のパラグラフで述べられたことのうち、「昭和」という時代に焦点を当てることにより、第1と第2の2つのパラグラフを繋ぐとともに、トピック・センテンスである(2)のイントロダクションとなっていると考えることができる。

● 第3パラグラフ

　(1)「結局は昭和天皇の後を明仁皇太子が継ぐことは、国民の誰もが常に頭では理解していたことだが、たとえ象徴的にとはいえ、昭和天皇が天皇として日本国民の上に君臨しない世界を思い描くことができる日本人はほとんどいなかった。」をトピック・センテンスとし、展開部として昭和天皇を惜しむ女性の言葉と後を継いだ明仁皇太子の新しい時代についての文が続くと考えられる。(2)～(4)はある女性の言葉であり、昭和天皇の死を嘆き、その人間性を讃えている。したがって、空欄(C)には、トピック・センテンスで述べられている昭和天皇の存在の大きさを示す具体例を導く"For example"が入る。(2)「例えば、『私は天皇陛下が亡くなられたことに深い悲しみを感じます』と京都の64歳の女性は言った。」(3)「『私は天皇陛下が、戦後の苦しい時にいかに心の優しい、温かな御方であったか、よく覚えています。』」(4)「『あのようなすばらしい天皇は二度と現れないでしょう。』」(5)はこの64歳の女性の言葉で、(2)～(4)で示された昭和天皇への敬意が、明仁天皇を軽視するものではないことを意味し、(D)には"However"のような「逆説」の副詞が入る。(5)「しかし、「彼女が言いたかったことは、決して新しい天皇である明仁を軽んじているということではなく、昭和天皇の後を継ぐことは、昭和天皇と日本国民との信頼関係と同じ様に、今までのどの天皇の後を継ぐこととも、どの天皇と国民の関係とも、全然違っている、ということである。」

　(6)・(7)では、昭和天皇を惜しむ声が多い中、明仁天皇の新しい治世が既に始まっていることを示す元号についての記述が続く。(6)「天皇の交代にともなう新しい時代への期待は、新しい元号に『平和を達成する』という意味の『平成』が選ばれたことに反映されている。」(7)「今後、平成という元号はすべての公文書・貨幣はもとより、多くの個人の持ち物にも記されることになる。」

§1. The Showa Era: An Emperor dies, and in his passing an ancient symbol is renewed   5

● 第4パラグラフ

　(1)「昭和天皇は、かつて神として崇められたが、死に際しては、神であることよりもその豊かな人間性のゆえに国民の尊敬を集めていたようであり、自らも神であることをかなり前に否定していた。」がトピック・センテンスであり、(2)～(5)では、その天皇の人柄が述べられている。(2)「天皇は海洋生物学を愛し、くらげの専門家として認められた、やせ形の内気な人」であり、(3)「家庭を愛する夫であり、相撲とテレビの連続ドラマの好きな、6人の子供の父親でもある。」(4)「また、天皇はプライヴァシーを大事にはするが、公的な天皇としての仕事は忠実に遂行し、必要とされる時はいつも公式行事には姿を見せた。」(5)は(4)で述べられている公式行事の例と考えられるので、(E)には "For example" のような例を導く接続表現が適切であろう。(5)「例えば、天皇は、新しい年の豊作を祈る行事として、毎年皇居内の田で自ら苗を植えた。」
　トピック・センテンスと展開部を繋ぐ適切な接続表現は見当たらないが、「その天皇は次のような人柄の方である。」という意味の表現で補えばその繋がりがより明確になるのではないであろうか。(E)の前置詞句は展開部内部の論理の展開を示すものである。

● 第5パラグラフ

　(1)「昭和天皇はまた、勇敢であり、特に平和を望む気持ちの強い人であり、その平和を願う天皇の気持ちが、天皇の在世中、日本国民の戦後の復興への強い意欲を生み出していた。」は、先行するパラグラフのトピックを引き継ぎ、昭和天皇の人柄を述べており、このパラグラフのトピック・センテンスであると考えられる。(2)「1945年以前、大部分の日本人は天皇の実際の声を聞いたことがなく、戦いに疲れた国民に天皇自らラジオを通して日本の降伏を宣言した『終戦の詔勅』を耳にした国民は、その時の天皇の声を決して忘れることはないと思った。」は、昭和天皇の平和を強く望む気持ちの象徴的な出来事として取り上げられ、その放送の具体的な内容が(3)で示されている。(3)「天皇は国民に向かって次のように語った。『耐え難きを耐え、忍び難きを忍ぶ時が来た。』」

● 第6パラグラフ

(1)「多くの欧米人にとって、君主制が、現代の産業界をほぼ支配する位置にある日本という国に存在していることがパラドックスに思える。」と、(2)「しかし、世界に現存する君主制の中で最も古いとされる日本の天皇制が日本の国民性の核をなし、日本国民の変化に対する許容と反抗という特徴を形成している。」を比較すると、(2) がこのパラグラフのトピック・センテンスであり、(1) は (2) を導くためのイントロダクションと考えられる。(3)「すなわち、天皇制は、日本国民の活力の素であると同時に日本国民の敬愛の対象でもあり、自国の歴史に対する誇りの源であり、変化の絶え間ない社会にあって、文化の伝統を繋ぎ止める碇でもある。」は、天皇制が日本人に対して持つ意味の大きさをより具体的に示している。したがって、(F) には "That is" のような、具体的な説明を導く接続表現が入る。

(4)「天皇の座に新しい天皇が座り、天皇制は国民と共に、新たな歴史を積み重ねようとしている。」は、トピック・センテンスの具体的な記述というよりも、「昭和天皇の死により天皇制・日本が滅びるのではなく、新しい天皇の下で日本が天皇制を維持し、新しい時代を築こうとしている」ということであり、このパラグラフの結論であるばかりではなく、この記事全体の結論であると考えることができる。

§ 2. From God To Man ― *Hirohito: 1901-1989*

● 第1パラグラフ

　(1)「天皇裕仁の生涯は皮肉に満ちていたが、その中でも一番の皮肉は、この内気で社交を好まない天皇が、現人神として生きることを自らは決して望んではいなかったのではないかと思われることだ。」は、次の(2)を導くためのイントロダクションであり、(2)がトピック・センテンスであると考えられる。(2)「しかし、天皇は生まれながらにして神の子である天子であり、君主としては世界最長の期間にわたり在位することになる。」(3)・(4)は、その昭和天皇の在位した昭和という時代がどのような時代であったかを具体的に示している。(3)「天皇の在位した期間は『昭和』という元号で呼ばれ、その間には、アジアの大半を荒廃に導き日本の歴史上最も悲惨な戦争があり、230万人の日本の軍人と80万人の日本の非戦闘員が犠牲になった。」(4)「さらに、このぎごちなく歩き、高い声を持ち、人目に付くのを好まない天皇は、戦後、その地位が目に見えて落ちたが、日本の経済大国への空前の復興を目にすることになった。」
　(5)「逆説に満ちた天皇の生涯は87年で幕を閉じたが、日本古来の墨絵のように、最後まで、静寂ではあるが、謎に満ちたものであった。」は、トピック・センテンスを受けて、昭和天皇の生涯がどのようなものであったかを述べており、このパラグラフの結論であり、次のパラグラフに繋げる役割も果たしている。

● 第2パラグラフ

　(1)の "the riddle" は、第1パラグラフの最後の(5)の "enigmatic" を受けており、(1)は「(昭和天皇の生涯が謎に満ちていたが)その謎の核心は、天皇の地位そのものが謎であったことにある。即ち、理論的には、天皇はすべての権力を手にしていたが、実際の昭和天皇はほとんど無力であった。」の意。この(1)がトピック・センテンスである。(1)は明らかに明

治憲法下での天皇の地位について述べているが、(2)「さらに天皇は常に象徴であり続け、象徴というものはどのようにも解釈できるものである。」は、戦前・戦後を通じての天皇の地位について述べたものであり、(3) の内容から考えても、(2) は (1) の補足と考えられる。(3) は (1) の結論であり、(A) には "Thus"、"Hence"、"Consequently" などの結論・結果を導く接続表現が入る。(3)「かくして、天皇の名の下に行われた容赦のない軍国主義・国家主義に対し、昭和天皇がどこまで責任を負うべきなのかまだはっきりしていない。」

● 第3パラグラフ

(1) は直前の第2パラグラフの (3) を受け、昭和天皇の戦争責任に言及し、昭和天皇に戦争責任があるとする意見と戦争責任はないとする意見が、セミコロンによって1つの文に結び付けられている。(1)「昭和の最初の20年間に日本が仕掛けたとされる戦争に対して、天皇は全面的な責任を負うべきであると主張する者もいれば、天皇は心の底からの平和主義者であったが(あるいは、たぶん、平和主義者であったからこそ)、軍国主義者を抑えることができるほど強い性格ではなかったと信じる者もいる。」(2) は、(1) の結果として、天皇の評価も人により異なっていたことを示しており、(1) がトピック・センテンスで、(2) が結論だと考えられる。したがって、(B) には、"Consequently"、"Thus"、"Hence" などの結果・結論を導く接続表現が入る。(2)「その結果、常に冷静で言葉少ないこの君主に対して人々は、存命中の最後の日まで、違った見方をしていた。極右国家主義者は、天皇は神として崇められるべきだと声高に叫び、左翼共産・社会主義者は、天皇は戦争犯罪人として裁判にかけられるべきであったと主張していた。」

● 第4パラグラフ

(1) の "such tumult" は直前の第3パラグラフの (2) で述べられている内容を受け、「(天皇を神と崇めるべきだと主張する声や、戦争犯罪人であると糾弾する声が飛び交うような) 騒ぎは、幼少の頃から、孤独と質素をその特徴とする天皇の生活にあっては、奇異なことであった。」の意。この (1)

がトピック・センテンスであり、天皇がどのような孤独と質素を体験したかを述べたのが (2)・(3) である。したがって、(C) には、実際の天皇の生活はこのようなものであったのだという意味で、"That is" のような具体的な説明を導入する接続表現が入る。(2)「すなわち、生後3か月で、天皇は養育係のもとに引き取られ、その後は、父である大正天皇に会うことはめったになく、母である節子皇后を訪れるのも、週に一度であり、それも日時が前もって決められていた。」(3)「その間、天皇は自己修養の厳しい訓練に明け暮れ、身に付けるものといえば、これ以上薄いものはないと思えるほど薄い衣服であり、時には、氷のように冷たい滝水に15分もの間、一言の不満を漏らすことなく打たれていることもあった。」

● 第5パラグラフ

第4パラグラフの内容を引き継ぎ、天皇の質素な生活は、乃木希典将軍の影響を多く受けているという意の (1) がトピック・センテンスである。(1)「1975年の珍しい *TIME* 誌とのインタビューで、天皇は、一番大きな影響を受けた人物の1人として乃木希典将軍の名を挙げた。乃木将軍は、武人であることを生涯貫いた日露戦争の英雄であり、天皇の通った学校（学習院）の校長であった。」(2) では、天皇の見た乃木将軍の人となりが述べられている。(2)「『将軍は質素で、厳しく自己を律した生活を求められた』と天皇は語った。」(3) は、天皇自身の言葉で乃木将軍の印象の強さが語られ、(1) の繰り返しではあるが、結論と考えられる。(3)「『そのことが私に強い印象を与えました。』」

● 第6パラグラフ

このパラグラフでも、第5パラグラフで述べられた天皇の日常生活を特徴づけた「質素」についての記述が続く。(1)「確かに、天皇の生活において、厳しい禁欲主義が顕著であった。」がトピック・センテンスであり、(2)・(3) で、皇太子時代の天皇に禁欲主義を求めた厳しい状況が述べられ、(4) で、天皇がいかに禁欲的な生活を送っていたかを示す結婚前のエピソードが

述べられている。(2)「大正天皇が精神的にも肉体的にも天皇としての責務に耐ええないことが明らかになり、1921年に、皇太子であった昭和天皇は急遽摂政の位に就いた。」(3)「その2年後、天皇の位を継ぐことになっていた皇太子は、東京を壊滅状態にした関東大震災と、右翼国家主義者たちが、左翼反天皇主義者により企てられたとする暗殺という2つの危機に見舞われたが、切り抜けることができた。」(4)「それ以前、16歳の時に、皇太子は自らの后を決められていたが、フィアンセとは、結婚前の6年間に9回しか会うことが許されなかった。」

● 第7パラグラフ

(1)「1926年12月25日、大正天皇は崩御され、裕仁は124代の天皇としてその位に就いた。」は、皇太子が天皇を継承した事実を述べ、(2)「昭和天皇はその時には既に、天皇は王であり人質でもあるという運命をよく承知していた。」は、天皇が政治的にどのような意味を持つものかを述べ、(3)〜(5)では、それがより具体的に説明されている。したがって、(2)がトピック・センテンス、(1)がイントロダクション、(3)〜(5)が展開部であると考えられ、(D)には、具体的な説明を導入する"That is"のような接続表現が入る。(3)「すなわち、1889年に発布された明治憲法は、天皇は、太陽の女神たる天照大明神の末裔である神であり、『神聖にして、侵すべからず』と規定している。」(4)「子供たちは、天皇の顔を見れば目がつぶれると言われ、天皇の名を口にすることさえタブーとされた。」(5)「しかし、側近の重臣たちは、天皇の顔を見ることを控えてはいたが、天皇の意見に耳を貸すこともしなかった。」(6)「彼らにとって天皇は、自分たちが良しとすることを法律にしてくれる、最高の批准者でしかなかった。」

● 第8パラグラフ

(1)・(2)・(3)では、前のパラグラフに引き続き、天皇が政治的に利用されていたことが述べられている。(4)では、天皇の名で行われた様々なことに対して天皇自身の考えは明らかにされなかったことが述べられ、

(5)・(6) では、明治天皇の和歌に託して天皇が自らの考えを明らかにしたエピソードが紹介されている。したがって、(4) をトピック・センテンス、(1) ～ (3) をイントロダクションとし、(5)・(6) を、(4) を補足する展開部と考えることができる。一国の元首として、自分の名の下に行われた行為に対し、自らどのように考えているのかを表明するのが当然であるという前提に立てば、(E) には "But" や "Yet" などの「逆接」の接続表現が入ることになる。

(1)「天皇の名により命令をこのように捏造することは、1930年代に入り、戦争拡大主義の将軍たちが国の命運を決める実権を握り始めてから、ますますあからさまとなった。」(2)「天皇の名により、次から次に、首相の首がすげ替えられた。」(3)「第2次世界大戦中には、神風特攻隊員は、天皇のために死地に赴くことを求められた。」(4)「しかし、天皇の名の下に行われたすべてのことに対し口数の少ない天皇自身がどのような考えを持っているのかは、常にベールに包まれていた。」(5)「例えば、1941年に、側近の重臣たちがハワイの真珠湾を爆撃する必要を主張していた時、天皇は、祖父である明治天皇による次の和歌を口にすることにより皆を驚かせた。『よもの海みなはらからと思う世に　など波風のたちさわぐらむ』」。天皇は、和歌に託して自らの悲しみを表現し、再び口を開くことはしなかった。」

● 第9パラグラフ

(1) では、「しかし、ついに天皇が沈黙を守ることができない事態にたちいたった。」と、第8パラグラフでの話題を引き続き、(2) では、ついに天皇が沈黙を破ることになったこと、(3) ～ (5) では、終戦の詔勅のラジオ放送のことが述べられている。したがって、(2) がトピック・センテンス、(1) がイントロダクション、(3) ～ (5) が展開部であると考えられる。(2)「1945年、東京が炎に包まれ、広島と長崎が灰塵に帰し、将校たちが死ぬまで戦い抜くのだと喚いている時に、天皇は自ら思うところを話すことを決心した。」(3)「『私はこれ以上国民が苦しむのを見ていることはできない』と、天皇は側近の者に言った。」(4)「翌日、天皇は、日本の歴史上初めてラジオに向かい、『戦況は必ずしも日本に有利な状況ではない』と、戦争に疲れた国民に対して明確に述べた。」(5)「天皇が日本の降伏を宣言した(『降伏』という屈辱的な言葉を口にはしなかったが)時、その生涯にほんの

数回の出来事だが、天皇は自らの感情を国民の前に見せてしまった。天皇の声は涙ぐんでいた。」

● 第10パラグラフ

(1)「そのラジオ放送は、日本の一般庶民が初めて耳にする神聖な支配者たる天皇の声であった」は、第9パラグラフのトピックを受け継ぎ、(2)「また、その放送をきっかけに、天皇の超俗的な雰囲気はなくなった。」を導いている。(3)は、(2)の最初の具体的な行動を述べた文である。したがって、(2)がトピック・センテンス、(1)がイントロダクション、(3)が展開部と考えられる。(3)「その月の終わり頃、天皇は皇居をひっそりと後にし、自ら出頭して、アメリカ占領軍のマッカーサー将軍を感動させ、驚かせ、『戦争を遂行するにあたって、日本に名の下に行われたすべての政治的・軍事的決定、すべての行動は私が責任を負う』と主張した。」

● 第11パラグラフ

(1)の"that"は第10パラグラフ(3)の内容を受け、「そのこと(天皇が戦争行為のすべての責任を負うと言明したこと)により、天皇の死刑宣告が免れなくなったが、マッカーサー将軍は、名前だけでも天皇を残しておくことが、不安定な終戦直後にあっては、日本という国の継続性を保障する重要な象徴として役立つであろうと考えていた。」という意である。(2)では、そのようなマッカーサーの意図にもかかわらず、天皇が自らの神性をさっさと否定したことが述べられ、次の第12パラグラフにおいても、天皇の「人間宣言」がトピックになっており、(2)がトピック・センテンス、(1)がイントロダクション、(3)が展開部と考えられる。したがって、(F)には「逆接」の接続表現、"But"、"Yet"などが入る。(2)「しかし、1946年天皇は、天皇が神聖であり、日本民族が他民族よりも優れているという『誤った考え』を正式に否定した。」(3)「天皇のほぼ2億5,000万ドルの価値を持

つとされた資産（大部分は価格の高い土地）のほぼすべてが国により没収された。」

● 第12パラグラフ

（1）では、引き続き天皇の「人間宣言」がトピックであり、「神であることを放棄したことは、少年時代、自分が神であるといわれていたが、生物学的にありえないことだと言明していた天皇にとっては、大したことではなかったのではないか。」の意。（2）「禁欲的で謙虚な天皇は、年間100万ドル程度にしかならない給付金で生活することに対しても不平を漏らさなかった。」は、その当時の質素な天皇の暮らしぶりが述べられている。（3）「しかし、天皇にとって、『人間宣言』をしたことにより生じた様々な変化の中で一番大変だったのは、たぶん、日本国中を旅し、農家・工場・学校に行き人々を励まさなければならないことではなかっただろうか。」では、社交的でない天皇にとって、より大変なことは、国民と直接に対話することだったのではないかと述べられており、さらに（4）では、その大変さがより具体的に述べられている。したがって、（3）がトピック・センテンス、（1）・（2）がイントロダクション、（4）が展開部だと考えられる。（4）「天皇は国民と自由に話し合うことがあまりに大変だと感じることがたびたびあったので、国民との対話では、震える声で『あ、そうですか』としか言うことができなかった。」

● 第13パラグラフ

（1）では、第12パラグラフで述べられた日本各地への旅に出るなどの公的な行事以外での天皇の日常生活が話題として取り上げられ、（2）・（3）は、そのトピックを展開した文である。したがって、（1）がトピック・センテンス、（2）・（3）が展開部と考えられる。（G）には、具体的な天皇の日常生活を述べるという意味で、"That is"のような接続表現が入る。

（1）「公式行事のない、日常生活の天皇は、質素で目立たない家庭生活を送っており、その姿は、広大な皇居の外からはなかなか見ることはできない。」（2）「すなわち、1961年、天皇と、その夫人で、現在86歳になる、明

るい性格の良子皇后は、それまでの17年間を過ごした防空壕を引き払い、皇居の敷地の奥深いところにある目立った特徴のない洋風二階建ての住居に引っ越した。」(3)「そこでの天皇は、まるで日本の鉄道のように、規則正しく、効率的に毎日の日課をこなしていた。朝早く起床し、洋風の朝食を取った後、執務室で過ごし、夕刻の帰宅後は、これ以降は推測だが、夫人と共に新聞を読んだり、テレビでホームドラマや相撲を楽しんだ。」

● 第14パラグラフ

第13パラグラフとは異なり、天皇の公務での様子がトピックとなっており、(1)では、その公務の例が示されており、(2)では、その時の天皇の様子がぎこちないことが述べられている。(4)～(7)では、その天皇の様子を示すエピソード示されており、(2)がトピック・センテンス、(1)がイントロダクション、(4)～(7)が展開部であると考えられる。したがって、(H)には、"For example"のような具体例を導く接続表現が入る。

(1)「天皇は、儀式を主とした自らの公務を常に忠実に果たしてきた。」(2)「しかし、どの公務の場にあっても、天皇の様子には常にぎこちないところがあった。」(3)「例えば、伝えられるところによると、天皇がかつて、さる外国高官を謁見するために、謁見の間に通されて入った時のことである。」(4)「ドアが開けられると、その部屋には誰もいなかった。」(5)「天皇は無人の部屋を覗き、礼をし、お付きの者に次のように言われた。」(6)「『どの儀式よりも面白くて、気持ちがよい。』」(7)「『こんな儀式ばかりだったらなあ。』」

● 第15パラグラフ

話題はまた天皇の公務以外の日常生活に戻り、海洋生物学に向ける情熱がこのパラグラフのトピックになっている。したがって、(1)「天皇の生涯において、何よりも情熱を傾けたものの1つが、海洋生物学であった。」がトピック・センテンスであり、その具体的な説明が(2)～(4)で展開されている。(1)には、"That is"のような、具体的な説明を導入する接続表現が入る。(2)「すなわち、天皇がまだ若く、博物学に興味を持ちだした頃、あ

る個人教師から、海を研究対象にするのが孤独になれる一番の近道だとアドバイスされた。」(3)「それ以降、天皇が最も生き生きとして見えるのは、皇居の敷地内に建ててもらった研究室で研究している時と、パナマ帽を被り、バミューダ・ズボンを穿いて海岸を歩いている時だと言われている。」(4)「くらげの研究に関しては、世界の代表的な研究者の1人である天皇は、くらげに関しての多くの本を出版している。」

● 第16パラグラフ

前のパラグラフでは、海洋生物学に対する天皇の熱の入れ方がトピックであったが、このパラグラフでは、皇太子時代のヨーロッパ歴訪の旅の思い出に耽ることが、天皇のもう1つの大きな喜びであることがトピックになっている。したがって、(1) がトピック・センテンスで、(2)・(3) が展開部で、どのような旅であったのかが、具体的に説明されている。したがって、(J) には、"For exmple" のような具体例を導入する接続表現が入る。(1)「天皇のもう1つの楽しみは、『カゴの中の鳥』のようなと自ら言う日本での生活から、短いながらも逃れることのできた休日の楽しい思い出に耽ることであった。」(2)「例えば、1921年、天皇は、皇族として初めて日本を離れ、ヨーロッパに半年滞在し、さっそうとした英国皇太子とゴルフを楽しみ、アウグスタス・ジョンに肖像画を描いてもらい、エッフェル塔の絵はがきを買うなどした。」(3)「天皇は、その旅で初めて自ら買ったパリの地下鉄の切符を、束の間の自由を満喫した思い出として大切に保存し、それ以降生涯にわたって洋食と洋服を好んだ。」

● 第17パラグラフ

アメリカ訪問が実現したことを述べた (1) がトピック・センテンス、アメリカでの様子を述べた (2) と、アメリカで買ったおみやげについて述べた (3) が展開部である。(1)「1975年には、訪米の希望を表明してから、実に54年後にその夢が実現した。」(2)「15日の間に、アメリカン・フットボールを観戦し、ジョン・ウェインと対面し、マサチューセッツにあるウッズ・ホール海洋学研究所を熱心に視察した。」(3)「ディズニーランドにも

行き、その後数年の間、天皇の腕にはミッキー・マウスの腕時計が見られた。」

● 第18パラグラフ

(1) では、天皇が従来の伝統やしきたりに従わなかったことが述べられ、(2)〜(5) では、結婚・夫婦生活に関しての例が述べられている。したがって、(K) には、具体例を導く "For example" のような接続表現が入る。

(1)「天皇は、目立たないやり方ではあるが、従来守られてきた伝統やしきたりに常に背いてきた。」(2)「例えば、おそらく、自身の幼少の頃の苦労を思ってであろうが、天皇は子供たちの身近に居るように心がけ、今55歳の、天皇の位を継ぐべき長男である皇太子が結婚する時は、前例のない、皇族以外の一般人との結婚を許した。」(3)「天皇が結婚して間もなく、皇后が続けて4人の女児を出産した時(5人目の女児の後、男児が2人生まれた)、周囲には、祖父の明治天皇がそうであったように、男児を産むために側室を持つようにという声が多かった。」(4)「天皇はそれを拒否した。」(5)「公の場に妻を連れて行くことがめったにない国で、天皇は、皇后と共に皇居内を散策されることに何よりも大きな喜びを見いだしているようであった。」

● 第19パラグラフ

昭和天皇が「象徴」としての役割を果たしたとする (1) がトピック・センテンスであり、どのようにしてその役割を果たしたかが (2)〜(4) において述べられている。

(1)「天皇は、実直さと冷静さにおいて、1947年制定の新憲法が求める天皇の役割を果たした。すなわち天皇は『国家と国民の統合の象徴』であると。」(2)「天皇は、戦争により多くのものを失いながらも、禁欲的な態度でそれに耐え、戦後の新しい国の進路に自らを合わせることにより、日本の見事な進歩を支えつつ、古来から伝わる神聖な習慣を自ら行ってきた。その天皇の、現実から隔てられた神秘的と言ってもよいその姿は、めまぐるしく変化する日本の社会において、常に変わることはなかった。」(3)「そして

天皇は公的な場での発言はめったにしなかったが、自らの神性を否定する際に、乱れのない心を詠んだ和歌の中で、まさに昭和天皇の生涯を総括したとも言える気持ちを表した。『ふりつもるみ雪にたへていろかへぬ　松ぞををしき人もかくあれ』」。(4)「悲しみの極みにあっても、日本の象徴である天皇は揺らぐことなく大地にしっかりと立っていたのである。」

§ 3. "When Kobe Died"（I）

● サブタイトル

　2つの文からなる長いサブ・タイトルが付いている。文字通りタイトルを補足するためであり、サブ・タイトルの構造は考えない。(1)「しばらくの間、日本は、地震に対しては備えができていると信じていた。」(2)「その自信は、マグニチュード7.2の地震が、家々を倒し、道路を破壊し、火事を引き起こし、港を破壊し、約5,000人の犠牲者を出して、日本第6の都市を壊滅状態にした、その20秒の間に打ち砕かれた。」

● 第1パラグラフ

　(1)「9月1日は、東京・横浜を中心に14万3,000人の犠牲者を出した1923年の関東大震災が起こった日であり、その日は防災の日として定められ、日本では様々な行事が行われる。」がトピック・センテンスであり、(2)〜(6)では、防災の日に行われる行事が具体的に述べられている。したがって、(A)には、具体例を導く"For example"のような接続表現が入る。(2)「例えば、日本中で、小学生たちはハンカチで顔を覆って煙のトンネルの中を駆け抜ける練習をし、自衛隊はヘリコプターでの救助の訓練をする。」(3)「多くの町や市では、消防署が地震体験機を持ち出してくる。」(4)「この機械は、緩衝装置の上に、一部屋の広さの箱形の構造が取り付けられており、木の床には、テーブル、2つの椅子、本棚、ガスコンロ、石油ストーブが置かれ、本物の地震のように揺れ、日本の震度でいうと3から始まり7まで調整できる。」(5)「進んでこの装置を体験すると、どうすれば地震の犠牲にならないかを身に付けることができるとされている。すなわち、ガスコンロのガスを止め、ドアを開け、テーブルの下に隠れることである。」(6)「何万人もの勇気ある人々がこの装置を体験するのである。」

● 第2パラグラフ

　第1パラグラフの展開部で取り上げられた地震体験装置の部屋が引き続き(1)で取り上げられ、この地震で倒壊した典型的な建物にはそれと同じ大きさの部屋を持つ家が多かったことが述べられ、(2)〜(5)では、そのような家についてその構造と弱点が具体的に説明されている。したがって(1)「神戸港から14km離れた西宮市には、この装置の部屋と同じ大きさの部屋を持つ住宅が多くある。」がトピック・センテンス、(2)〜(5)が展開部であり、(B)には、"That is"のような具体的な説明を導く接続表現が入る。(2)「すなわち、これらの住宅は、第2次世界大戦が終わって数年後に建てられた、二階建ての伝統的な木造建てが多いのである。」(3)「そのような住宅の屋根は、青や茶色の重い瓦が葺かれている。」(4)「壁は、細い木材でできた格子状の構造に、壁土を塗り付けただけである。」(5)「『その結果、これらの住宅は、まさに、鉛筆で造った骨格の上に重い本を載せたのと同じ状態にある』と、この種の構造物に詳しいサンフランシスコ市の主任建築検査官のローレンス・コーンフィールド氏は言う。」

● 第3パラグラフ

　第2パラグラフで述べられた、脆弱な構造の住宅が、午前5時46分の地震でどのようになったかが(2)で述べられている。したがって、(2)がトピック・センテンス、(1)が(2)を導くためのイントロダクション、(3)・(4)が展開部で、住宅崩壊の詳しい説明がなされている。(C)には、"That is"のような具体的な説明を導く接続表現が入る。
　(1)「火曜日の午前5時46分、1923年の関東大震災以来最も壊滅的な被害をもたらした、体験装置の人工的な地震ではなく、本物の地震がうなりをあげて神戸地方を襲った時、これらの脆弱な構造の部屋に、体験装置の部屋には起こらなかったことが起こった。」(2)「すなわち、屋根が崩れたのである。」(3)「しかも、数万の住宅で。」(4)「家が建っていたところには、一面の茶色や青色の瓦が、木・壁土の残骸、さらには人間の体を優しく包み込むように覆っていた。」

● 第4パラグラフ

(1)「火曜日の夜、西宮では、自衛隊の藤井二尉以下11名の隊員が瓦礫と化した町で懸命に一軒の家の廃虚を掘り返していた。」がトピック・センテンスであり、その救出作業の具体的な説明が (2) 以降の展開部で述べられている。したがって (D) には、"That is" などの具体的な説明を導く接続表現が入る。

(2)「その家の娘が、涙をすすり上げながら立っているすぐ近くで、隊員たちは、満月の明かりだけを頼りに、厳しい寒さの中、懸命に救出作業にあたっていた。」(3)「隊員たちはついに両親の遺体を探し当て、壊れたドアと台所の流し台を継ぎ足して作った台の上にそっと置き、それから臨時の遺体安置所に向かうトラックの荷台に載せた。」 (4)「藤井二尉は、午前中から数えて既に7人の遺体を掘り出しており、遺体を掘り出す専門家のようでもあった。」(5)「藤井二尉は言う、『あの御夫妻は、ベッドから抜け出て何とか玄関までたどり着いた。』」(6)「『その時、家が2人の上に崩れ落ちた。』」(7)「『後はなすすべはなかった。』」(8)「そう言って、藤井二尉は踵を返し、次の崩壊家屋へと向かって行った。」

● 第5パラグラフ

(1)〜(3) では、今回の地震の被害状況が述べられ、(4) では、今回のような大地震が起こることが予測されており、日本人はそのことでかなり神経質になっていたことが述べられている。(5)〜(8) では、大地震が予測されていた理由が挙げられており、(4) がトピック・センテンス、(1)〜(3) がイントロダクション、(5)〜(8) が展開部と考えられる。したがって、(E) には、"This is because" のような理由を導く接続表現が入る。

(1)「土曜日までには、5,000人を超えると思われる人々が神戸地方で死亡した。その半数以上は年配者で、1階で寝る習慣の人が多かったためである。」(2)「地震による負傷者は2万5,000人、4万6,440の建物が倒壊し、31万人（神戸市民の1/5に当たる）が現時点で住居を失っている。」(3)「ほぼ100万世帯で水道が使用できず、4万世帯で電気が利用できず、84万9,500世帯で都市ガスが使えない。これが、地震体験装置では体験不可能な

災害をもたらした大地震の結果であり、大地震が起きるとは誰も予測しなかった地域を襲った地震の結果である。」(4)「地震の前のこの数か月の間、日本の国民は、大地震が起きるかもしれないとますます不安を募らせていた。」(5)「なぜなら、日本列島は、4つのプレートが交差している地帯であり、北は北海道から南は九州まで、ほぼ常時大きな地震が起きる危険に曝されていることになる。」(6)「この半年の間に、日本列島の北部と北東部では、大きな揺れが続いた。10月にはマグニチュード8.1の、12月には7.5の、1月には6.9の揺れを観測した。」(7)「あまりにも大きな揺れが、あまりにも短期間に起こったのだ。」(8)「地震に対する恐怖が再び頭をもたげ、当然のごとく、確率が高いと言われていた東京を大地震が襲うと予想された。」

● 第6パラグラフ

(1)「そして、その無防備な神戸を先週の地震は襲った。神戸は東京から遠く離れ、日本の都市の中では、最も地震が襲う心配のない都市の中に数えられていた。」では、第6パラグラフで述べられているように、可能性の高い東京ではなく、可能性の低い神戸を地震が襲ったことがトピックとして示され、(2)～(9)では、神戸の地殻上の位置、第2次大戦中の空襲による被害、今回の地震と空襲の比較などが述べられている。

(2)「神戸は、地震の起きやすい中部太平洋沿岸地域ではなく、日本の西部にあり、プレートがぶつかり合う地震の起こりやすい地帯とは離れた断層上にある。」(3)「神戸は東京ほどの大都市ではないが、人口150万人で、日本第2の港を持っている。」(4)「神戸の持つ重要性は、第2次大戦時のアメリカ軍の司令官も充分に認め、大戦の最後の年には25回の爆撃をし、最後の爆撃は、日本が正式に降伏を表明した日に行われた。」(5)「アメリカ軍による空襲は、神戸を壊滅させ、死者は1万7,014人、家を失った人は53万858人に及んだ。」(6)「先週、誰もが予期しなかった地震による犠牲者は、わずか20秒の間に、空襲による犠牲者の1／3に達した。」(7)「臨時避難所で、沖野さんは、うずくまりながら次のように語った。」(8)「『アメリカ軍による空襲も、本当に今度の地震のようだった。』」(9)「『ただ違うのは、空襲ではやって来る飛行機の音を聞けたが、地震は音もなくやってきたことだ。』」

● 第7パラグラフ

　(3)「その結果は大災害であった。」を中心に、(1)・(2)では今回の地震のメカニズムが、(4)～(12)では災害の例が述べられている。したがって、(3)がトピック・センテンス、(1)・(2)がイントロダクション、(4)～(12)が展開部と考えられる。また、(F)には、具体例を導く"For exmple"のような接続表現が入る。

　(1)「今回破断した断層は、神戸沖24kmにある淡路島の地下10kmの地点を走っている。」(2)「断層の両面が突然移動し、2～3kmものずれが生じた。」(4)「例えば、列車は衝撃で横倒しになり、少なくとも駅舎が1つひっくり返り駐車場の車を押し潰した。」(5)「また、災害で破壊されることはないと思われていた新幹線の軌道が8か所で分断された。」(6)「幸いなことに、その日の神戸方面行きの一番列車はまだ発車していなかったが。」(7)「市の主要幹線道路は3か所で分断された。」(8)「高架の阪神高速道路では、路面を支える15本の鉄筋コンクリート製の太い柱が台座の部分で折れ、500mにわたって4車線のアスファルトが波うち、45度の角度で倒れた。その姿は、まるで、疲れ果てたので右の車線を枕に一休みしているように見えた。」(9)「高速道路上を走っていた車の運転手は車ごと空中に投げ出された。」(10)「バスを運転していた福本さんは、急ブレーキをかけてバスの前部2mが空中に突き出たところで何とか停車させ、乗客と共に脱出し、次のように語った、『とても恐ろしかった。』」(11)「『まるで、映画の一場面を見ているようだった。』」(12)「そして、市の全域にわたって、すべての道路の両側には倒壊した家屋があった。」

● 第8パラグラフ

　このパラグラフでは、第7パラグラフが地震による直接の被害が述べられていたのに対して、地震で引き起こされた火災による被害について述べられている。すなわち、(1)「それから火災が発生した。数百か所で炎が燃え上がり、1つの地区全部が焼き尽くされたところもあり、多くの火災は早朝に食事を取るために使っていたガスコンロが倒れて発生した。」がトピック・センテンスであり、(2)～(5)では、火災に対して充分な対応ができなか

§ 3. "When Kobe Died"（I） 23

ったことが述べられている。したがって、(F) には "However" などの「逆接」の接続表現が入る。

　(2)「しかし、消防士たちは、燃えさかる炎に立ち向かうことはできなかった。市の水道管は破壊され水が出なかったのである。」(3)「レスキュー車も現場に到着できず、倒壊し燃えさかる家屋の中に閉じ込められた負傷者たちの中から、死者が出始めた。」(4)「カリフォルニアの地震で分かったように、必ずしも大きな地震でなくとも、地獄のような大きな被害は発生するのだ。」(5)「コンピューター会社の重役である八木さんは次のように言った、『目の前の現実が信じられなかった。まるで、終戦間際のような状況だった。』」

● 第9パラグラフ

　(1)「西宮スポーツ・センターでは、施設が2つの部分に分かれて利用されている。」がイントロダクションで、(2)「1つは第1体育館で、家を失った家族や、自宅が倒壊する可能性の高い数百の家族のための避難所として使われている。」がトピック・センテンス、(3)・(4)の展開部で被災者の避難所での様子が述べられている。(3)「市のガスは、地震の最初の揺れで自動的に止まるようになっているため、体育館内は、市内の他の地区と同様、暖房がなく、500人の被災者は、氷点下の中毛布にくるまってうずくまっている。」(4)「身の回りの物をいくつか持ち出せた人もいれば、ペットを助けだせた人もいた。カゴの中では、1匹のアライグマが身をよじっていた。」

● 第10パラグラフ

　第9パラグラフのトピックは、スポーツ・センターが2つに分けられ、その1つの体育館での様子だったが、このパラグラフでは、もう1つの部分である、隣接するいくつかの部屋での様子がトピックにはなっていない。このパラグラフのトピック・センテンスは、(1)「さんざんな目に遭いながらも、生き残った被災者たちは、静かで禁欲的でもある。」であり、(2) 以降では、被災者たちが、体育館と死体安置所で静かに悲しみに耐えている様子がより具体的に説明されていると考えられる。したがって、(H) には "That is" の

ような具体的な説明を導く接続表現が入る。

(2)「すなわち、被災者は皆、『しょうがない』と言う。」(3)「途方もない悲劇に見舞われたのだが、やがて、今までもそうであったように、時が過ぎれば心の傷も癒えるというのである。」(4)「時折、すすり泣く声は聞かれるが、興奮したりわめき声をあげる人はいず、静かに悲しみに耐え、その悲しみを外に出さないようにしているとも見える。」(5)「隣接するいくつかの部屋は臨時の死体安置所になっており、夜中ずっと、生き残った人々の居る体育館と、亡くなった人々が安置されている部屋を、人々が静かに往き来する。」(6)「生き残った人は、安置所で身内の者の遺体を確認し、体育館から寝るための敷物を持ち込み、死者の傍らにその敷物を敷くのである。亡くなった者と最初の夜を共に過ごす通夜という仏教の儀式を行うためである。」

● 第11パラグラフ

(1)「大地震の後の長くつらい3日の間に、嘆き、苦しみ、そして対応の拙さに対する非難の気持ちも癒されたのだろう。」と(2)「時折、被災者ではないように見える人々も姿を現しはした。カーキ色の軍服を着た自衛隊員やシュールな銀色の作業服を身に付けた消防士たちがそうであった。」がイントロダクションで、トピック・センテンスの(3)「しかし、大体において、町は被災者たちの町であった。」を導入し、その「被災者の町」の様子が(4)～(9)で述べられいると考えられる。したがって、(I)には "For example" のような、具体例を導く接続表現が入る。

(4)「例えば、夜には、人々は避難所になっている高校や公民館の中で、また、階段やたき火の回りでうずくまり、」(5)「日中は、瓦礫となった元の生活の場にいつのまにか戻ってしまう。」(6)「45歳の川端さんは、悲しみに暮れながらも、廃墟になった自宅に時々行ってみる。」(7)「彼は、運転免許証を探しているのだと、口数少なく答える。」(8)「でも、『一番取り戻したいものはもう取り戻せない。』」(9)「『亡くなった娘の声を二度と聞くことはできない。』」

● 第12パラグラフ

(1)「生活情況はひどいものであった。」がトピック・センテンスで、その「ひどさ」が、展開部である(2)～(6)で、具体的に述べられていると考えられる。したがって、(J)には、"For exmple"のような具体例を導入する接続表現がくる。

(2)「すなわち、神戸市内では、火災から出る刺激性の強い煙が厚い層を作り、空が曇り六甲の山々が霞んで見ることができないほどであった。」(3)「水が使用できないため、水洗トイレは使えず、風呂にも入れなかった。」(4)「食事がおにぎりだけの避難所がたくさんあった。」(5)「汚れた川に飲み水を求めて行く人もいた。」(6)「余震が、既にすりへった神経をさらにすりへらせ、医者は衛生状態の悪さを心配し、インフルエンザの流行のきざしがあるのではと不安がっている。」

● 第13パラグラフ

(1)「数万の被災者たちは、物が不足し、サービスが充分でないために、身の回り品を手に、30km離れた大阪に向かった。」は、被災地を離れる被災者について述べたトピック・センテンスであり、(2)～(6)では、より詳しい被災者の例が述べられている。したがって、(K)には、具体例を導く"For example"のような接続表現がくる。

(2)「例えば、川口さん(28)は、流行の洋服を身に付け、セメントとガラスの散乱した廃墟の中をぬうように、娘のあやさん(14か月)をせかせるように歩いていた。」(3)「『大阪の近くに住んでいる姉妹のうちの1人の家に行くところです。』と、川口さんは、バイクに衣類を乗せて前を行く夫の方を指差しながら話してくれた。」(4)「『今度強い地震が起これば、私たちの家は倒れてしまうのではないかと思います。』」(5)「年配の男の人が、廃墟となった自宅の前で、酒ビンを持ったまま座って動かない。」(6)「その男の人は、次のように言った、『何もかも失ってしまった。』」(7)「『こうなったら酒でも飲んで、あきらめて笑っているしかないじゃないか。』」

§ 4. "When Kobe Died"（II）

● 第14パラグラフ

　(3)「しかし、避難民たちの見せた冷静な態度は、彼らに強い不満の気持ちがないことを必ずしも意味しない。」がトピック・センテンスであり、次のパラグラフでさらに展開されている。したがって、(1)・(2)がイントロダクションとなる。(1)「海外のメディアでは、避難民たちの行儀の良さが大いにもてはやされた。」(2)「略奪が報道されることもなく、多くの避難民は少ない食料を分け合い、苦しい状況の下で礼儀正しさを失うことはなかった。」

● 第15パラグラフ

　(1)の"This"は、第14パラグラフの(3)で述べられている「強い不満」を指しており、(1)は「被災者たちの感じている強い不満は、精神的な性質のものであると言ってもよい部分がある。」という意味である。この(1)で述べられている「強い不満が精神的なものである」ことの原因が(2)～(9)で述べられており、(1)がトピック・センテンス、(2)～(9)が展開部であると考えられる。(2)「日本人は容易に理解できるように、常に地震に対して怯えてきた。」(3)かつて、日本人は地面が揺れるのは、巨大なナマズがのたうちまわるからだと思い込んでいた。」(4)「しかし最近では、日本人は、大きな災害をもたらす地震から身を守るには、科学の力を信じるほかないと考えるようになってきた。」(5)「日本は、地震の研究、耐震技術、震災救助に対して、莫大なお金を費やしてきた。」(6)「1994年1月17日のロサンゼルス地震の被害を見て、日本人たちはほくそ笑んで、日本だったならあんなに大きな被害は被らなかっただろうと思った。」(7)「日本人自身が、自国の地震学者たちは次に来る大地震を予知する能力があると信じ込んでいたばかりか、日本の政治的指導者たちも、大地震がやって来ても十分な備えができていると、国民に思い込ませていたのである。」(8)「し

かし、1995年1月17日に、神戸の地面が激しく揺れた時、万全の備えができているという信念も、地震と同じく大きく揺らぎ、科学によって地震という自然に打ち勝つことができる能力があるんだという自信も脆くも崩れた。」(9)「信念と自信を喪失した心の中に、怒りとともに強い不安感が入り込んだ。」

● 第16パラグラフ

神戸の被災者たちの持つ不満の1つとして震災に対する準備不足がこのパラグラフで取り上げられ、(1) がトピック・センテンス、(2) ではその結果どのような事態が生じたかが述べられている。したがって、(A) には、"As a result" のような具体的な結果を導く接続表現が入る。(1)「長い間、大地震は中部日本の太平洋沿岸地域を襲うものと想定されていたので、西日本各地では、地震に対する警戒心が欠けているという事態が生じていた。緊急用食料品についていえば、東京の27％の家庭で備えられていたが、大阪では、その数字が2.6％にまで減る。」(2)「その結果、東京では自衛隊の幹部と自治体の職員の幹部は、毎年協調体制を点検するための訓練を欠かさなかったが、自衛隊幹部が不本意ながら認めるように、神戸地区ではそれがなかった。」

● 第17パラグラフ

(1) の "the result" は、「官民の協調体制を含めた大震災を想定した訓練の不足の結果」の意であり、(1)「その結果は、行政のあらゆるレベルに起こったかに思えるはなはだしい混乱であった。」はトピック・センテンスであり、(2) 以降の展開部では、その大混乱の実例が示されている。したがって、(B) には、"For example" のような具体例を導く接続表現が入る。(2)「例えば、地震の直後、神戸市当局は主要道路において公的使用以外の交通を遮断せず、警察・消防車両の遅れのため、死者の数が増えてしまったことは確かである。」(3)「ほぼ4時間にわたって、神戸市が含まれる兵庫県の知事は、自衛隊の援助を求めるために必要な要請をすることを怠った。自衛隊は週末までには1万6,000人のレスキュー隊員を派遣する準備が整って

いたのだが。」(4)「政府もまた自治体と自衛隊との協力を実現するために、もっと迅速に仲介に入ることができたのではないか。」(5)「ようやく現場に到着した自衛隊員も、自治体との連絡がとれないために何をしていいのかとまどうばかりであった。例えば、火曜日の深夜、1人の現場の自衛隊の指揮官は、無線で指示を得られず、そのために西宮市役所に車で出向かなければならなかった。」(6)「このような混乱した状況にあって、神戸の住民の中には、救助にあたったレスキュー隊員も士気を大いに挫かれたのではないかと心配する人もいた。」

● 第18パラグラフ

　トピック・センテンスである (1) では、自衛隊と自治体との連絡がうまくいかなかったことが原因で救助活動が途中で打ち切られてしまったことが述べられ、展開部の (2) 〜 (4) では、その結果の1つが具体的に説明されている。したがって (C) には、具体的な説明を導く "That is" のような接続表現が入る。

　(1)「地震発生から21時間後の水曜日午前1時30分、自衛隊のあるレスキュー部隊は救助活動を途中でやめてしまった。」(2)「すなわち、西宮市内の、勤労者が多く住む地区にある7階建ての建物が横倒しになり、建物の中に15〜20人の住民が閉じ込められているという。」(3)「自衛隊員たちは、2人の遺体を掘り出して、救助活動をやめてしまった。」(4)「ある若い二尉は、肩をすぼめて、『もう望みがないと思われます。今まで生きている人はいないでしょう』と言った。」

● 第19パラグラフ

　(1)「その建物から数ブロック離れたところで、それから半日後、1人の消防士があきらめて首を振っていた。その消防士の属する一隊がくずれた家に閉じ込められていると思われていた少女、その両親、祖母、そして曾祖母を救出しようとしていたのだ。」では、消防による救助作業の困難さが述べられており、(2)〜(5)では、より具体的な情況が述べられている。したがって、(D) には、具体的な説明を導く "That is" のような接続表現が入る。

(2)「すなわち、『昨日の夜の7時まで、女の子が、お母さん、お母さんと呼ぶ声が聞こえたのに』と、近くにいた人が言った。」(3)「しかし、疲れ果てていた消防士たちは、この人たちは助からないと判断してこの家を見捨て、より救出の可能性の高い近くの現場へと向かった。」(4)「そして今、また、消防士たちは救出作業に取りかかったが、くずれた家から何も聞こえてはこなかった。」(5)「瓦礫の中に、大きな観音像だけが立っていた。観音とは、仏陀の女性的な性質を象徴していると言われ、人々の悲しみの声に耳を傾ける、という意味を持っている。」

● 第20パラグラフ

(1)「現在、東須磨小学校に避難している三好さん (34) は、もうこれ以上がまんできないと言う。」がトピック・センテンスであり、(2)〜(5)の展開部でその理由が述べられている。

(2)「『我々の多くが地震に対しての備えをしてなかったということで、我々にも責任がある』と、三好さんは自分たちの非を認めて言う。」(3)「三好さんは続けて言う、『しかし、ここに居る者は皆こんなに援助がないことに驚いている。』」(4)「『消防士の姿も見えず、自分たちの家が焼け落ちるのを見るほかなかった者も多くいる。』」(5)「『それからも、当局が何もしてくれないので、食料も水も私たちには届かない。』」

● 第21パラグラフ

(1) の "His complaint" は、第20パラグラフで取り上げられた三好さんが口にした不満であり、(1) は「三好さんの口にした不満は、直接相手を非難することが避けられる日本にあっては珍しく、責任ある地位に就いている人の口からも聞こえてくる。」の意であり、トピック・センテンスである。(2)〜(6) は、具体的な非難の例であり、(E) には、"For example" のような具体例を導く接続表現が入る。(2)「例えば、建設省高官でもあった高秀横浜市長は、問題なのは政府がリーダーシップを発揮しなかったことだ、と大胆な発言をした。」(3)「国会での演説で村山首相は、被害を受けた地域の再建のために『政府は必要な財政および金融措置を直ちにとる』と確約し

た。」(4)「しかし、首相が、前例のない地震の激しさのために救助活動が捗らなかったことを示唆した時、野党席から、大きな野次がとんだ。」(5)「報道によると、村山首相は地震発生2時間後にやっと震災の事実を知ったという。」(6)「首相が神戸を視察した時、東京の各紙は『首相に来てもらっても仕方がない。必要なのは飲み水だ』という住民の怒りの声を大きく報道した。」

● 第22パラグラフ

　このパラグラフの3つの文すべてが震災後の復興の様子を述べた文であり、ほぼ並列に並べられている。しかし、第21パラグラフの最後の(6)との関連で、「とにかく水を」という避難民の切実な願いがかなえられたという意味で、(1)をトピック・センテンスとして、(2)・(3)では、その他の復興の様子が述べられていると考えることができる。
　(1)「その週の週末までには、待ちに待った水と食料が西宮スポーツ・センターや他の大規模な避難所に届き、その量は、当局の発表によると、避難民全員が1日に2度の食事が取れるのに充分であるということである。」(2)「水道の供給が再開した地域では、病気が広がる恐れが薄まった。」(3)「ヘリコプターから女性用下着までの、広範囲な業種の製造業者は、自社の製品を寄付し(地元のヤクザが地域の住民に生活必需品を配り、自分の一家ばかりではなく、その地域の住民の長として活躍したという話もある)、トラクターとクレーンが不眠不休で犠牲者を掘り起こす作業を開始し、倒壊した巨大な高速道路の撤去を始めた。」

● 第23パラグラフ

　(1)・(2)では、住宅建設と被災者に対する低利の融資について述べられているが、(3)では、それらを含めた神戸市全体の経済状況が述べられており、(1)・(2)をイントロダクションとし、(3)をトピック・センテンスと考える。(1)「家を失った被災者に住む場所を提供しなければならないという問題があった。政府と自治体は、7,000戸の住宅を分担して建設すると明言したが、7,000戸では実質的な意味は薄く、単なるジェスチャーに

§4. "When Kobe Died" (II)　*31*

すぎないと思われている。」(2)「しかし、政府のある機関は住宅所有者に対して低利のローンを貸し出しており、いくつかの銀行は、震災で被害を受けた企業に対し同様の低金利の融資を行っている。」

　(1)・(2)で述べられた被災者に対する優遇策にもかかわらず、(3)では、今回の震災による被害は甚大であり、先行きも明るいものではないことが述べられている。したがって、(F)には "However" のような「逆接」の接続表現が入る。(3)「しかしながら、短期的には、神戸市の被害総額は330億～800億ドルと見積もられており、エンジンと変速機を神戸港から輸入しているフォードに始まり、神戸港を極東向けのコンテナー輸送の中継点として利用しているヨーロッパの船積み会社にいたるまで、国際企業が神戸港を利用する機会は減る、あるいは、一時的に中断することが明らかになってきた。」

● 第24パラグラフ

　第23パラグラフでは、震災による経済的打撃について述べられているが、このパラグラフでは、震災後の再建による経済効果について述べられている。(1)がトピック・センテンスであり、(2)・(3)では、震災前のような出勤風景が見られ既に再建への道が動き出していることが述べられている。
　(1)「それでも、大和総合研究所の見積りによると、神戸の復興のために、官民合わせて500億ドルものお金が注ぎ込まれ、それが、不景気に苦しむ日本経済の成長率（1995会計年度）を0.5％引き上げるという。」(2)「大地震が神戸を襲ったわずか1時間後の火曜日の朝、加納さんは、一世帯用の住宅の多くが倒壊した近所の地区で、男たちが出勤するのを見て驚いた。」(3)「『腕時計を見て、どうしてバスが時間通りに来ないのか考えているのですよ。』」

● 第25パラグラフ

　(1)の最後の "that" は、第24パラグラフで述べられた震災後の神戸再建による経済効果を指しており、(1)では、震災がもたらした恩恵はそれにとどまらないことが述べられている。このトピック・センテンスに続く

(2) ~ (5) では、その具体的な説明が与えられている。

　(1)「経団連（日本経済団体連合）の専務理事である糠沢氏は、復興による経済効果だけが、震災がもたらした恩恵ではないと感じている。」(2)「すなわち、『我々日本人は経験から学ぶことを常とし、今度の体験が日本人の心から傲慢で自己満足的な奢りを取り除いてくれるだろう。』と糠沢氏は言う。」(3)「『地震が来てもびくともしない橋や道路を建設できるのだと自惚れていたが、その橋や道路、さらにインフラストラクチャーに欠陥があることが分かった。』」(4)「『東京でも、皆、今まで以上に地震の備えをしており、自惚れた気持ちも持っていない。』」(5)「『我々は今回の地震で大切なことを学び、日本人にはそのことが必要だったのだと思う。』」

● 第26パラグラフ

　(1)「そう言う糠沢氏は、しかし、東京に住んでいる。」は、前の第25パラグラフを受けて、それとは対照的な被災地の様子を描いた(2)「地震直後の火災で最も被害の大きかった神戸の長田では、煙とすすで汚れた消防士の一団が2か所で熊手とシャベルを使って、より多くの犠牲者の遺骨を求めて、焦げた残骸の中を懸命に探していた。」を導き、さらに(2)は、トピック・センテンスである(3)「そこから数メートル離れた場所では、セーターとズボン姿の小柄な中年の女性が地面にひざまずいていた。」を導いている。(4) ~ (7)では、その女性の描写が続き、大震災を生き延びた者の、犠牲者に対する静かな悲しみを表現することにより、この記事の最後を締め括っている。

　(4)「手に入る水はまだ少なく、その女性の手にしている白い菊の入ったビンの中の水は、彼女に割り当てられた飲み水に違いなかった。」(5)「事故などで亡くなった者の身内は、最愛の者が息をひきとった場所に小さな社を建てるのが習慣である。」(6)「その女性は、黒く焦げた板の脇に花を供えた。」(7)「それから、彼女は思いのままに最愛の者の死を悲しみ、泣いた。」